わたしの家系図物語《ヒストリエ》

渡辺宗貴
WATANABE, Munetaka

はじめに

家系図作りは、以前からずっと静かなブームが続いていましたが、ここ最近は、ＮＨＫの番組「ファミリーヒストリー」「日本人のおなまえっ！」や民放の苗字関連番組の影響でしょうか。ご先祖様に興味を持つ人、すなわち、家系図に興味を持つ人が増えています。

私は、家系図作成専門の行政書士として、15年間、３０００件以上の家系図を作成してきましたが、年々相談数が増えており、現在では月１００件以上のご相談を受けています。

ご依頼主の方々は、「両親・祖父母に記念として贈りたい」「子どもや孫に記録として残しておきたい」「相続のため」「自分のルーツを知りたい」「ご先祖様への感謝」「単に歴史が好きだから」など、実にさまざまな理由で、家系図作りをご依頼してきます。

一方、きっかけがなければ、家系図は必ずしも必要ではないので、一生涯、家系図作りにかかわらない方もいるし、そもそも興味がない方もいると思います（私としては、家系図作りを無理に勧めるつもりはなく、それはそれで構わないと思っています）。

しかし、そんな家系図に無関心な方も含めて、日本国民すべての方々に、「これだけは、絶対に知ってほしい」ことがあります。

それは、**「戸籍には保管期限がある」**ことです。

戸籍の保管期限は、現在150年です。明治期の戸籍は、一日ごとに破棄されています。すぐにでも戸籍を取得しないと、江戸末期に生まれ明治維新を生きた、あなたのご先祖様は永久にわからなくなってしまうのです。

ご先祖様の戸籍は、全国の役所に眠っています。

その戸籍は、子孫の皆様であれば、取得できます。

今すぐに家系図作りをしなくても、**今取得できる最古の戸籍の取り寄せだけはすぐにし**

ておいてほしいと、私は強く思います。
あなたがいつか家系図作りをしたいと思うとき、あるいは、あなたの子孫が家系図作りをするときのために、戸籍の取得だけはしておいてほしいのです。

さて、前置きが少々長くなりましたが、本書について述べます。

本書は、家系調査について全く知識がない状態から、戸籍を取得し、家系に関する資料を集めて、家系図作りをするノウハウをまとめています。

誰にでもできる戸籍調査から、苗字・土地関連資料の調べ方、同姓の方へのアンケート法、ご先祖様が住んだ土地に足を踏み入れての調査法まで、一通り紹介しています。

必要な知識は、調査内容により、「苗字（名字）」「系図」「人名」「家紋」「歴史」「地理・地名」「旧民法」「民俗学」「歴史人口学」などと、とても幅広いです。

このすべてをマスターしてください、とは言いません。

本書には、必ず読んでほしい部分と、深い調査に進んだときに読んでほしい部分があります。また、今すぐやってほしい調査と、いずれ関心が高まったときに進めてほしい調査があります。

必ず読んでほしい、かつ、今すぐやってほしい調査を書いているのは、第一講の「1000年さかのぼる家系調査」です。

ここで詳しく述べた「戸籍調査」は、今すぐにやってほしいです。また、時代別の家系調査の方法とその順番（家系調査の全体像）を述べていますので、必ず読んでください。


また、本書は、実用書でありながら、少し変わった構成をしています。

それは、章ごとに**物語形式を挟むことで、難しいイメージを持たれがちな家系調査を具体的にわかりやすくした**ことです。

物語パートの主人公は、北海道札幌《さっぽろ》市に住む女子高校生の葛西美々《かさいみみ》ちゃんです。

ひょんなことから、家系図作成講座に通うことになり、講師の筧探《かけいさぐる》先生の指導のもとで、戸籍を読み解き江戸末期の家系まで知ります。さらに、ご先祖様が住んだ地の青森県の郷土資料を調べ、ついにはご先祖様のお墓に対面するまでを描いています。

家系調査のノウハウを知るだけでなく、美々の物語も楽しんでいただければと思います。

最後に、私なりに家系図作りをしてよかったことを少し書かせてください。

家系図は、普段当たり前でありながら意識しないことが多い、〝家族とのつながり〟を再認識させてくれます。


優しくなるきっかけの一つになります。

心穏やかに過ごすきっかけの一つになります。


当たり前ですが、世の中にはさまざまな人がいます。

たくさんの人の中で生活していれば、気が合わない人もいるし、苛立つ人もいます。

私は、そんなに気が短い方ではないのですが、たまに他人に対してイラッとするときがあります（もちろん、気づかずに誰かをイラッとさせることもあります）。

例えば、「車の運転をしていて、割り込みされたとき」「店員の態度が悪かったとき」「忙しいときに営業電話がかかってきたとき」などなど。

特に友人・知人・家族などではない見知らぬ人に対しては、ほんの些細《ささい》なことでも、必要以上にイラッとしてしまうことがあります。

さて、そんなときに「家系図」です。

私には、私を産んでくれた両親がいます。私をとても大事にしてくれます。私をイラッとさせた見知らぬ人にも、もちろん両親がいます。きっとその見知らぬ人を大事にしています。

そう考えると、必要以上にイラッとする気持ちは消えていきます。ましてや、私をイラッとさせた人を大事にしている両親には、その両親を大事にしてくれた祖父母がいて、その祖父母にもその祖父母を大事にしてくれた曾《そう》祖父母がいて……とまで考えれば、イライラした気持ちはたいてい消えてしまいます。

もっと深く考えれば、私と私をイラッとさせた見知らぬ人の家系は、きっとどこかでつながっていたはずです。

皆様が本書を読んで、家系図作りのおもしろさや奥深さを知り、今生きている人々の大きなつながりを感じることができたら、著者として望外の喜びです。

2019年3月

渡辺 宗貴

わたしの家系図物語《ヒストリエ》　調べてカンタン！すごいご先祖がわかる　目次

第三講◆先祖はどんな生活をしていた？
――本格調査①「文献からの情報収集」

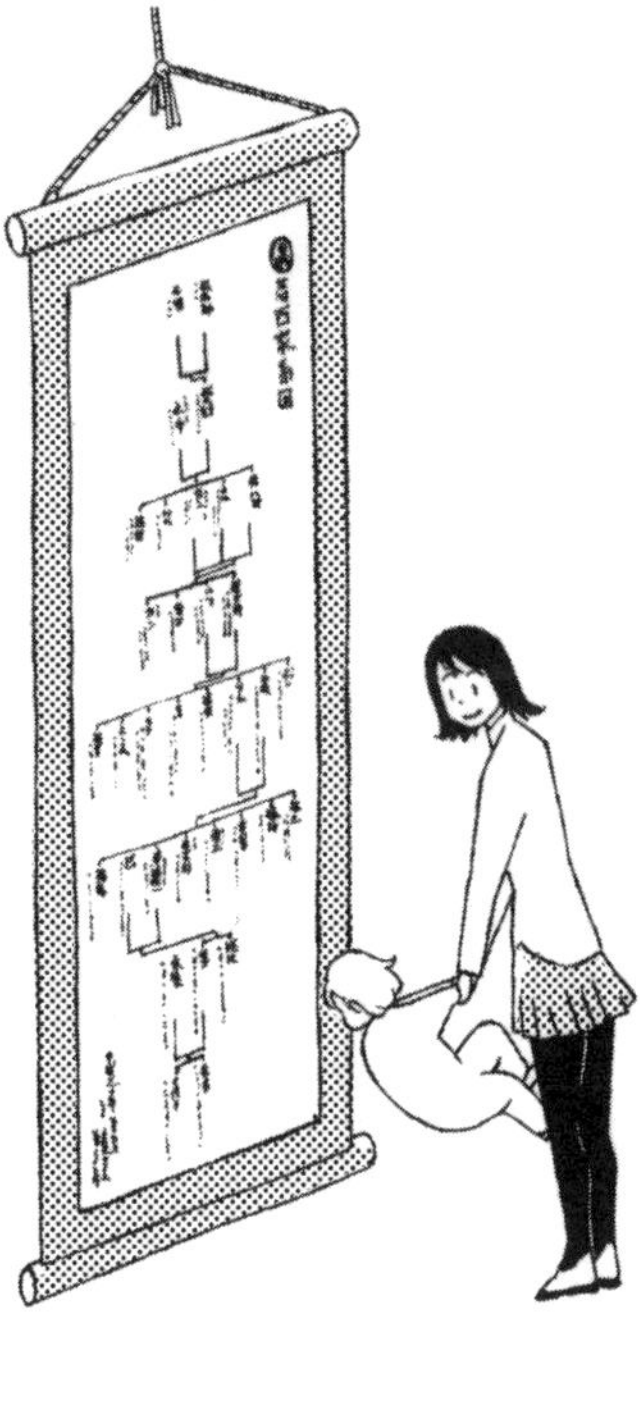

◆家系調査の流れ◆

戸籍の取得

現行戸籍

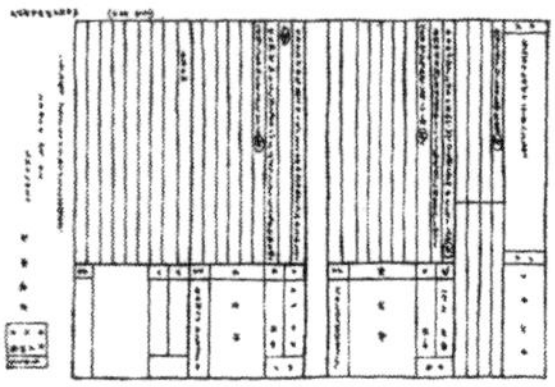

2代前までの先祖がわかる

明治19年式戸籍

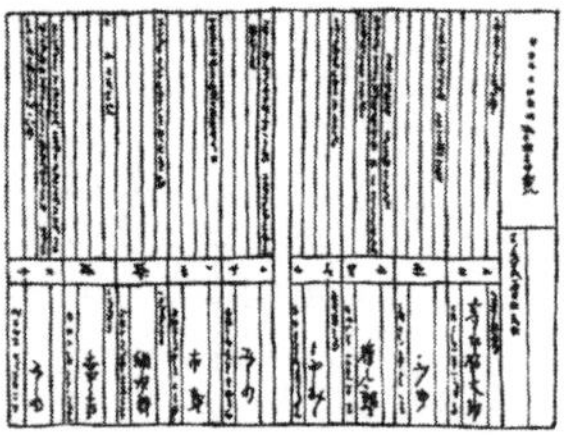

・4～5代前（150～200年前の明治初期・江戸末期）までの先祖がわかる
・先祖が住んでいた土地（本籍地）がわかる

家系調査の基礎資料集め

戸籍にある苗字と本籍地についての資料を集める。

苗字についての資料

・姓氏家系大辞典
・角川日本姓氏歴史人物大辞典
・苗字辞典・人名事典
・都道府県別姓氏家紋大事典
など

土地についての資料

・旧土地台帳
・グーグルマップ
（現在の地理を調べる）
・電話帳
（同姓の分布を調べる）
・地名辞典
など

武士なら

武士の系図

などの資料が残っている
可能性が大きい。

先祖が住んでいた土地の郷土誌調べ

先祖の暮らしぶりを調べる。

市町村史

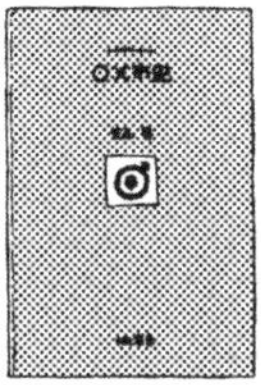

市よりも町、
町よりも村と、
なるべく狭い
範囲の郷土誌
を調べる。

同姓へのアンケート

先祖が暮らしていた土地に
住む同姓に手紙で、先祖の
- 家紋
- 菩提寺
- お墓

を尋ねる。

お寺やお墓へ

先祖の戒名（法号・法名）・
俗名・死亡年月日・享年
などを調べる。

過去帳

過去帳は、
菩提寺や
檀家が保管。

墓石

◆ 登場人物紹介 ◆

葛西晴美《かさいはるみ》
美々の母

葛西啓介《かさいけいすけ》
美々の父

葛西清美《かさいきよみ》
美々の妹

筧《かけい》 探《さぐる》
「家系図作成講座」の講師。年齢不詳で、ひょうひょうとした雰囲気。

葛西美々《かさいみみ》
戸籍を見て先祖に興味を持ち、家系図作りに取り組む高校3年生。素直で真面目な性格。

※本書では、家系調査をするという目的上、差別的意味合いを含む可能性のある語句を差別的意図ではなく、歴史的用語として用いています。

プロローグ
◆
初めて見る戸籍

葛西美々《かさいみみ》は、生まれて初めて自分の「戸籍《こせき》」を見た。

戸籍とは、人の出生から死亡までの出来事を記録した公文書のこと。家族全員が載っている。

【本籍地】北海道札幌市清岡区上野幌○丁目○
戸主　葛西啓介　昭和38年11月15日生まれ
　妻　葛西晴美　昭和40年7月23日生まれ
長女　葛西美々　平成12年7月9日生まれ
二女　葛西清美　平成15年1月26日生まれ

18年間――いや、生意気だけどかわいい3つ下の妹とは、15年間か――毎日一緒にいる4人。

読みなれない戸籍を眺めてみると、両親の結婚した日もあった。

【婚姻日】　平成7年7月22日

計算すると、母・晴美《はるみ》の20代最後の日。

「30歳前に結婚しよう」という、かわいらしい意図が浮かび上がる。帰ったらからかおうと思った。長所短所ともに真面目な母が、言葉に詰まる姿が目に浮かぶ。

戸籍の一番上に記載されている美々の父「葛西啓介《けいすけ》」が戸籍の筆頭者というものに当たるらしい。筆頭者というのは家族の代表みたいなものかな？　と思った。

父・啓介は自営業。戸籍には職業

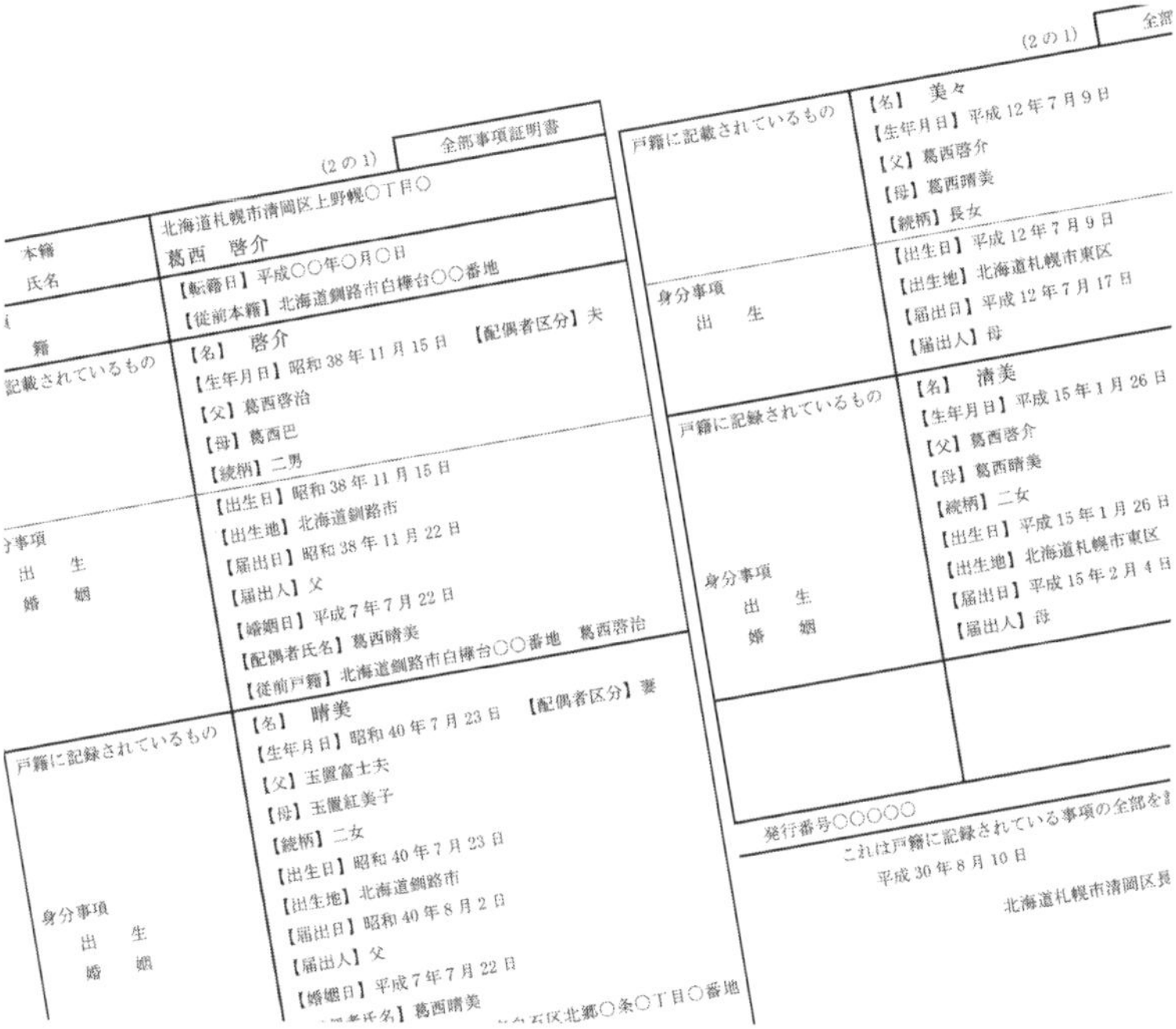

(2の1)　全部事項証明書
本籍　北海道札幌市清岡区上野幌○丁目○
氏名　葛西　啓介
【転籍日】平成○○年○月○日
【従前本籍】北海道釧路市白樺台○○番地
記載されているもの　【名】啓介　【生年月日】昭和38年11月15日　【配偶者区分】夫
【父】葛西啓治
【母】葛西巴
【続柄】二男
身分事項　出生　婚姻
【出生日】昭和38年11月15日
【出生地】北海道釧路市
【届出日】昭和38年11月22日
【届出人】父
【婚姻日】平成7年7月22日
【配偶者氏名】葛西晴美
【従前戸籍】北海道釧路市白樺台○○番地　葛西啓治
戸籍に記録されているもの　【名】晴美　【生年月日】昭和40年7月23日　【配偶者区分】妻
【父】玉置富士夫
【母】玉置紅美子
【続柄】二女
身分事項　出生　婚姻
【出生日】昭和40年7月23日
【出生地】北海道釧路市
【届出日】昭和40年8月2日
【届出人】父
【婚姻日】平成7年7月22日
【配偶者氏名】葛西晴美

(2の1)
戸籍に記載されているもの　【名】美々
【生年月日】平成12年7月9日
【父】葛西啓介
【母】葛西晴美
【続柄】長女
身分事項　出生
【出生日】平成12年7月9日
【出生地】北海道札幌市東区
【届出日】平成12年7月17日
【届出人】母
戸籍に記録されているもの　【名】清美
【生年月日】平成15年1月26日
【父】葛西啓介
【母】葛西晴美
【続柄】二女
身分事項　出生　婚姻
【出生日】平成15年1月26日
【出生地】北海道札幌市東区
【届出日】平成15年2月4日
【届出人】母
発行番号○○○○○
これは戸籍に記録されている事項の全部を
平成30年8月10日
北海道札幌市清岡区長

までは載ってないみたいだな。
父の両親、すなわち、美々の父方祖父母も載っている。

【父】　葛西啓治
【母】　葛西巴

そういえば、祖父母が「ケイジ」と「トモエ」なのは知っていたが、小さいころから「おじいちゃん」「おばあちゃん」と呼んでいて、名前では呼んだことがない。正確な漢字で書ける自信はない。

先月、祖母の巴が85歳で死んだ。後を追うように先週、祖父の啓治が86歳で死んだ。

父・啓介から「おじいちゃん（啓治）が生まれてから亡くなるまでの戸籍を取ってきてくれないか」と頼まれたのが、昨日。相続だかなんだかの手続きのため、必要だという。

高校最後の夏休み。大学へはエスカレーター式なので、受験の心配がない。部活動（茶道部）は終了。『やや（かなり）めんどくさいな』と思いつつも素直な美々は今、最寄りの清岡区役所にいる。

「もっと前の戸籍は釧路《くしろ》市役所にありますので、郵送でお取りになるのがいいかもしれませんね」と、戸籍係窓口のおじさん。

確かに、

【出生地】北海道釧路市
【従前戸籍】北海道釧路市白樺台〇〇番地　葛西啓治

と、書いてある。

「戸主である啓介さんがお生まれになったのが、釧路市。『従前戸籍』というのは、今見ているこの戸籍より古い戸籍で、以前に啓介さんが入っていた戸籍のことですよ」

父・啓介は、結婚して自分が筆頭者となる前は、祖父・啓治の子どもとして啓治が筆頭者の戸籍に入っていたということらしい。

窓口の職員さんは、釧路市役所への郵送での請求方法も教えてくれた。郵便局で定額小為替を買わなければならなかったり、返信用封筒を用意したり、かなり面倒な印象。丁寧に教えてくれたが、理解しきれない部分もあった。本当はもう少し詳しく聞きたかったのだが、込み合っている役所の窓口を占領するのは気が引けた。

美々は自分のそんな気の小さいところが、軽いコンプレックスだ。余談だが、美々の周りの人たちの大半は、それを美徳だと思っていることに美々自身は気づいていなかった。そこに気づかない美々は、結構みんなから好かれていたが、そのことにも気づいてはいなかった。

それはともかく、長所短所ともに真面目な美々は、両親の命令を遂行しなかったことはほぼない。こんなときは、長所短所ともに自由で、両親の命令を遂行したことがほとんどない妹の清美《きよみ》が、うらやましくなる。

『おじいちゃんの戸籍を取ったら、おじいちゃんのお父さん……つまり、今のところ名前も知らない3代前のひいおじいちゃんのことがわかるのかな?』などと考えていたら、掲示板のポスターが目に入った。

戸籍から作る家系図作成講座――1000年前へルーツの旅

普段なら気にもかけない、「戸籍」という文字が目に飛び込んできた。

8月10日　午後2時〜　全4回　受講料各1000円
清岡区民センター主催　講師：筧《かけい》探《さぐる》

清岡区民センターは、ここ清岡区役所の3階。8月10日午後2時までは、あと3分。

第一講

◆

1000 年さかのぼる家系調査

葛西美々《かさいみみ》は、年配の男女が集まる区民センターの一室にいた。

「今回は第1回の講座なので、現在から1000年以上前までさかのぼる家系調査について、大まかに一気にお話をします」

お兄さんっぽいおじさんなのか？　おじさんっぽいお兄さんなのか？　ホワイトボードの前に立つ年齢不詳のスラッとした男性が、筧探《かけいさぐる》先生。

気の小さい美々だが、時折、謎の行動力を発揮する。つい来てしまった、「家系図作成講座」。

定員30名で満杯。その6割が、定年後であろう年配のおじいちゃん。3割がおばあちゃん。1割弱が30～40代の男女。その他1名という感じで、美々（現役女子高生）。

「講座を始める前に、お手元の用紙に、今わかっている限りの家系図を書いてみましょう」

筧先生が、家系図の書き方(1)を説明してくれる。

(1)詳しくは、38ページの「家系図の書き方」を参照。

右上にタイトル「〇〇家系図」。上が過去で、下が未来。向かって右が過去で、左が未来……ってことは、長女の私が右で、次女の清美《きよみ》が左か。名前・続柄・生年月日・死亡年月日……。

美々は、先ほど取った戸籍以上のことはわからないが、父に姉（確か啓子《けいこ》さん）がいることを思い出し、書き足した。

できた！

「皆様、何代前までのご先祖様をご存じでしたか？　父親を1代前、祖父を2代前と数えます」

なかには、すでにかなり調べて自作家系図を持ってきている人も混じっているが、大半は2～3代前までしかわからないという人が多いようだ。

「では始めましょうか。まず、時代によって調査方法が大きく異なります」

筧先生が、ホワイトボードに書きながら話しだす。指が長い。

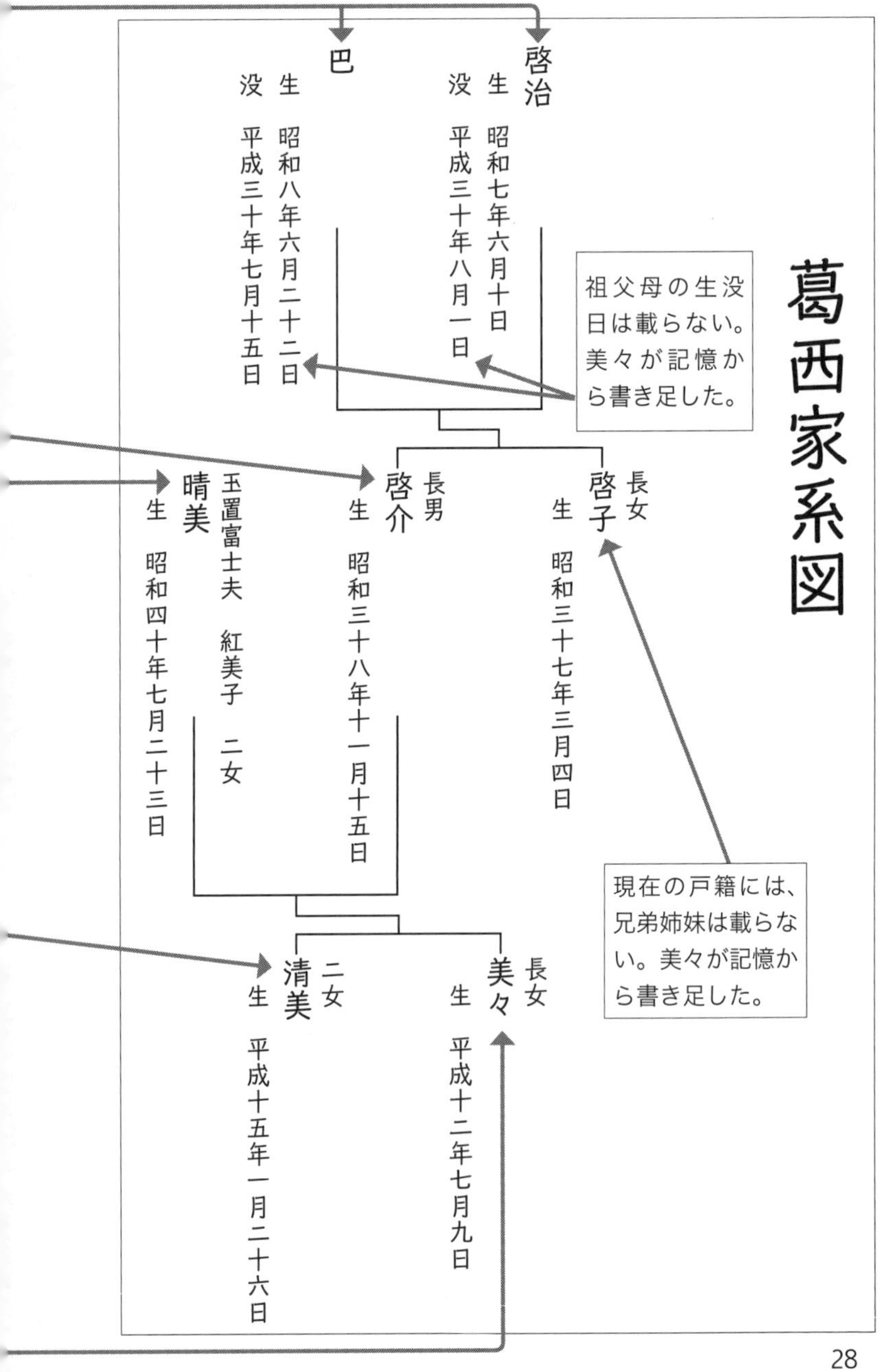
葛西家系図
啓治
生 昭和七年六月十日
没 平成三十年八月一日
巴
生 昭和八年六月二十二日
没 平成三十年七月十五日
祖父母の生没日は載らない。美々が記憶から書き足した。
長女 啓子
生 昭和三十七年三月四日
長男 啓介
生 昭和三十八年十一月十五日
玉置富士夫 紅美子 二女
晴美
生 昭和四十年七月二十三日
現在の戸籍には、兄弟姉妹は載らない。美々が記憶から書き足した。
長女 美々
生 平成十二年七月九日
二女 清美
生 平成十五年一月二十六日

(2の1)　全部事項証明書

本籍 氏名	北海道札幌市清岡区上野幌○丁目○ 葛西　啓介
戸籍事項 転　　籍	【転籍日】平成○○年○月○日 【従前本籍】北海道釧路市白樺台○○番地
戸籍に記載されているもの	【名】　啓介 【生年月日】昭和38年11月15日　【配偶者区分】夫 【父】葛西啓治 【母】葛西巴 【続柄】二男
身分事項 出　　生 婚　　姻	【出生日】昭和38年11月15日 【出生地】北海道釧路市 【届出日】昭和38年11月22日 【届出人】父 【婚姻日】平成7年7月22日 【配偶者氏名】葛西晴美 【従前戸籍】北海道釧路市白樺台○○番地　葛西啓治
戸籍に記録されているもの	【名】　晴美 【生年月日】昭和40年7月23日　【配偶者区分】妻 【父】玉置富士夫 【母】玉置紅美子 【続柄】二女
身分事項 出　　生 婚　　姻	【出生日】昭和40年7月23日 【出生地】北 【届出日】昭 【届出人】父 【婚姻日】平 【配偶者氏名 【従前戸籍】 玉置富士夫
発行番号○○○○○	

(2の1)　全部事項証明書

戸籍に記載されているもの	【名】　美々 【生年月日】平成12年7月9日 【父】葛西啓介 【母】葛西晴美 【続柄】長女
身分事項 出　　生	【出生日】平成12年7月9日 【出生地】北海道札幌市東区 【届出日】平成12年7月17日 【届出人】母
戸籍に記録されているもの	【名】　清美 【生年月日】平成15年1月26日 【父】葛西啓介 【母】葛西晴美 【続柄】二女
身分事項 出　　生 婚　　姻	【出生日】平成15年1月26日 【出生地】北海道札幌市東区 【届出日】平成15年2月4日 【届出人】母
	以下余白
発行番号○○○○○	

これは戸籍に記録されている事項の全部を証明した書面である。

平成30年8月10日

北海道札幌市清岡区長　河盛　和行

(清岡区発行)

・150～200年前が明治初期・江戸時代末期
・200～400年前の江戸時代
・400～550年前の戦国時代
・550～1000年以上前までの中世・古代

「この4つの時代で、調査方法がそれぞれ異なってきます」

戸籍調査は必須

「まず『①戸籍調査』(2)を説明します。

日本には、戸籍制度(3)というものがあります」

戸籍とは、家族単位で国民の身分関係を証明する公的な台帳であり、簡単に言うと、親と子……すなわち、家族が記載された書類。普段目にする機会はほとんどない。

先ほど美々が生まれて初めて見た戸籍の話だ。

「現在取得することのできる一番古い戸籍である『明治19（1886）年式

(2)左図を参照。
(3)詳しくは、43ページの「戸籍・除籍謄本について知ろう」を参照。

戸籍』まで取ると、世代にすると平均して4〜5代前までたどれます」

先ほどの戸籍には2代前の祖父までしか載っていなかったが、もっと古い戸籍を取ると、4〜5代前までわかるってことか。

「4〜5代前というと、おおよそ150〜200年前の江戸末期にあたります」

江戸時代の先祖⁉　美々はちょっと面白そうだな、と思った。

3代前のひいおじいちゃんが、炭鉱で働いていた話を聞いたことがあるような気がする程度で、名前も知らない。それ以前は全くわからない。

「実は戸籍調査で一番重要なのは、何代さかのぼれたかだけではありません。ご先祖様がお住まいだっ

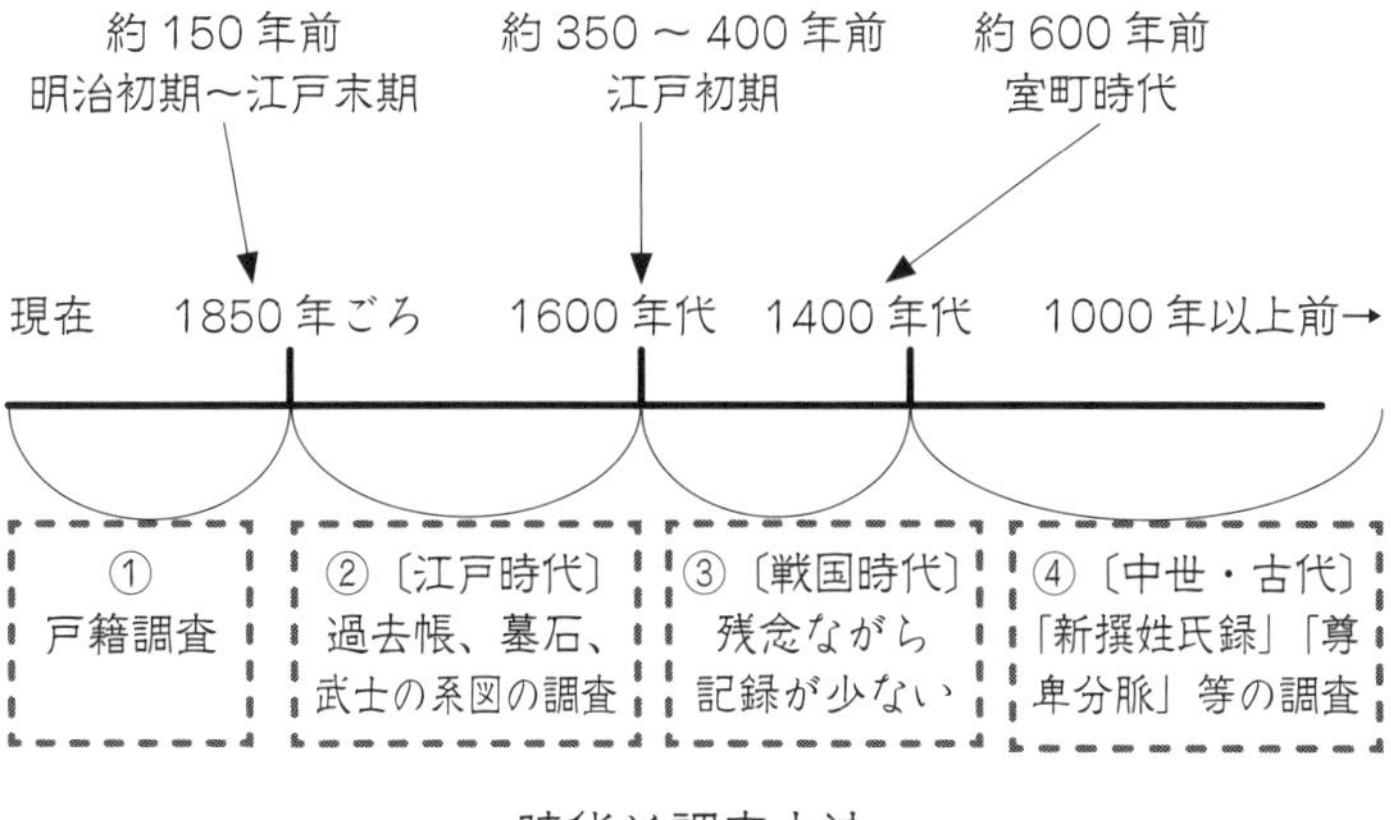

時代と調査方法

た地と、お名前を知ることです」

江戸時代に先祖が住んだ地と名前がわかれば、さらなる調査方針(4)が立てられるという。

さらなる調査って、どうするんだろう?

「まずお住まいだった地。これが城下町や武家地であれば、武士の可能性(5)を考えます」

町場であれば、町人か商人の可能性。農村地であれば、農家。

「お名前から判断できる(6)こともあります」

例えば、真田幸村《さなだゆきむら》（1567～1615。安土桃山・江戸初期の武将。本名は信繁《のぶしげ》）の「幸村」や伊達政宗《だてまさむね》（1567～1636。仙台藩主。隻眼《せきがん》であったため「独眼竜」といわれた）の「政宗」など、江戸時代には庶民《しょみん》には名乗れない武士の名前があったという。

「あるいは、農村地で武士がいないはずなのに、明らかに庶民ではないお名前であれば、僧侶や神主、あるいは町医者の可能性も出てきます」

僧侶や神主にも独特の名前があったという。

(4) 詳しくは、第二講以降を参照。

(5) 詳しくは、83ページのコラム「先祖が武士であった場合の調査方法」を参照。

(6) 詳しくは、78ページのコラム「名前から武士かどうかわかる!?」を参照。

「また、現在の苗字《みょうじ》の分布からわかることもあります」

　例えば、ある村にその苗字が現在も非常に多ければ、「古い時代からその地に住んだ草分け村民で、分家を繰り返して勢力を伸ばした、地元有力家系ではないか?」などと、推測できる。

「さらには、お住まいだった地の歴史を調べる過程で、ご先祖様のお名前を発見できる場合もあります」

　例えば地元有力家系は、庄屋《しょうや》や名主《なぬし》（要は村長）として、地名辞典(7)等に記録が出てくる場合もある。

「いずれにせよ、ズバリ判明するときと推測になるときがありますが、戸籍から江戸時代のご先祖様のことがある程度読み取れてきます」

　武士、農家、商人……。社会で習った士農工商(8)というやつか。私の先祖はなんだったんだろう? すごく面白そうだな、と美々は思った。

過去帳・墓石・武士の系図（江戸時代の家系調査）

「次に、もっと昔のご先祖様にさかのぼって、『②〔江戸時代〕』(9)の調査

(7) 詳しくは、第二講を参照。
(8) 詳しくは、84ページのコラム「明治5年の人口統計（身分別・職業別）」を参照。
(9) 31ページの図を参照。

について述べます。

江戸時代には、現在の戸籍のような、国が公的に血のつながりを証明したような資料はありません。ここで使うのが『過去帳』です」

江戸時代の調査は、菩提寺《ぼだいじ》（先祖代々の過去帳や墓がある可能性のある寺）、または、本家の「過去帳」が重要。その他に、墓石、「宗門改帳《しゅうもんあらためちょう》」（江戸時代の民衆調査のための台帳）、武士であれば「武士の系図」が重要だという。

「過去帳」ってなんだろう？

「『過去帳』というのは、ご先祖様の戒名《かいみょう》、俗名《ぞくみょう》――すなわち、生前のお名前や没年《ぼつねん》が書かれています」

「戒名」とは死後のお名前、「俗名」とは生前のお名前、「没年」は死亡日。

江戸時代初期に、「寺請《てらうけ》制度」という、「日本国民すべてがどこかのお寺の檀家《だんか》にならなければならない」という決まりができ、基本的に全国民の「過去帳」が菩提寺に備え付けられるようになったという。

筧先生のお話は、決して早口ではないのだが、流れるようにスムーズで聞きやすい。疑問に思ったことを予想したかのように、次の話へ進んでいく。

「また、江戸時代は人の移動に制限があり、お寺の変更にも制限があったので、一つのお寺に代々のご先祖様が葬られている可能性が高いです」

そっか。だから、先祖の住んだ地が重要なのか。先祖の住んだ地を戸籍で特定させて、お寺を探すんだ。

「『過去帳』を入手することで、江戸初期（約400年前）まで一気にさかのぼり、戸籍調査のうえに5～10代程度のご先祖様を判明させることができる可能性があります。

あるいは、武士であった場合。藩《はん》（江戸時代の大名の支配領域）に提出した武士時代の系図が見つかれば、『過去帳』に頼らずとも一気にさかのぼれる可能性があります」

400~550年前の戦国時代

「さらにさかのぼり、次は、江戸時代の前の『③〔戦国時代〕』[10]ですが、ここはいったん、飛ばします」

(10) 31ページの図を参照。

あれ？　なんで飛ばすんだろう？　「記録が少ない」って板書されているけど、関係あるのかな？　きっと後で、説明してくれるだろう。

１０００年以上前の「源平藤橘」から下ってくる調査

「最後に『④〈中世・古代〉』[11]について、１０００年をさかのぼります。１０００年さかのぼるということは、１００年の間におよそ4代前後の人物がいるとして、40代前後さかのぼるということです。そして、40代さかのぼると、多くは『源平藤橘《げんぺいとうきつ》』にたどり着きます」

「源平藤橘」とは、日本人の代表的な氏《うじ》（共通の祖先を持つ血縁集団）の母体。源は源氏、平は平氏、藤は藤原氏、橘《たちばな》は橘氏。

「このうち源平橘は天皇の子孫で、藤原氏は高天原《たかまがはら》（日本神話の天上界）の神様の子孫といわれています」

源氏には、清和《せいわ》天皇（８５０～８８１。平安時代前期の第56代天皇）の子孫「清和源氏」、宇多《うだ》天皇（８６７～９３１。第59代天皇）の子孫「宇多源氏」、村上《むらかみ》天皇（９２６～９６７。平安中期の第62代天皇）の子孫「村上源氏」などがある。

[11] 31ページの図を参照。

平氏は、桓武《かんむ》天皇（737〜806。第50代天皇。794年に京都の平安京に遷都した）の子孫が平安京の「平」にちなんで名乗った。

藤原は、藤原鎌足《ふじわらのかまたり》（614〜669。飛鳥時代の政治家。藤原氏繁栄の礎を築いた）が奈良の地名からとったもの。

橘は、敏達《びたつ》天皇（538?〜585?。6世紀後半の第30代天皇）の子孫。

じゃあ、40代さかのぼった私の先祖も、清和天皇とか桓武天皇とか藤原鎌足なんだろうか？　どうやって調べるんだろう？　「氏」ってなんだったたっけ？　「源平藤橘」も、授業で聞いたことはあるけどよくわからない……。

「さて。一気に話すと言いましたが、ここからはまた雰囲気が変わって、苗字の話に入ります。ちょっと休憩を入れましょう」

ほっと一息。あちこちで雑談が始まる。お手洗いや一服に行く人、筧先生に質問に行く人……。

美々は早く次の話が聞きたかったが、ここまでの話をレジュメで復習することにした。

家系図の書き方

◆基本的な書き方を知ろう

①まずは、題名を書きます。紙の右上に「〇〇家系図」と書きます。家紋がわかっていれば画像を入れたいところです。

②紙の天（上側）が過去で、地（下側）が未来です。また、向かって右側が過去で、左側が未来です。

③兄弟姉妹は、生まれた順に右から書きます。

④夫婦は、夫が右です。夫婦の表現は、次の2パターンあります。

1

2

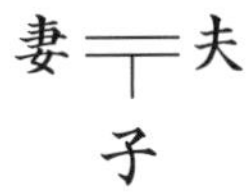

1が、古来からの表現方法です。

2は、近年生まれた表現方法です。

書きやすい方を選んで構いませんが、筆で書いて巻物にするなど、伝統的な方法で家系図を作るのであれば、1の方がよいでしょう。

⑤家系図を書くときに使う線は、次の3種類です。線の色は、血縁関係を表す赤がよいでしょう。

——（棒線）　実子関係を示す線

‖（二本線）　養子関係を示す線

……（破線）　父子関係不明・代数不明を示す線

⑥名前・続柄（出生の順番）・生年月日・死亡年月日を書きます。戒名（法名・法号）を書いてもよいでしょう。

こちらの図を参考に、これから美々が作る家系図でさらに学んでいきましょう。

基本的に家系図は、見やすければ自由に書いてよいですが、最低限、次の2点は守りましょう。

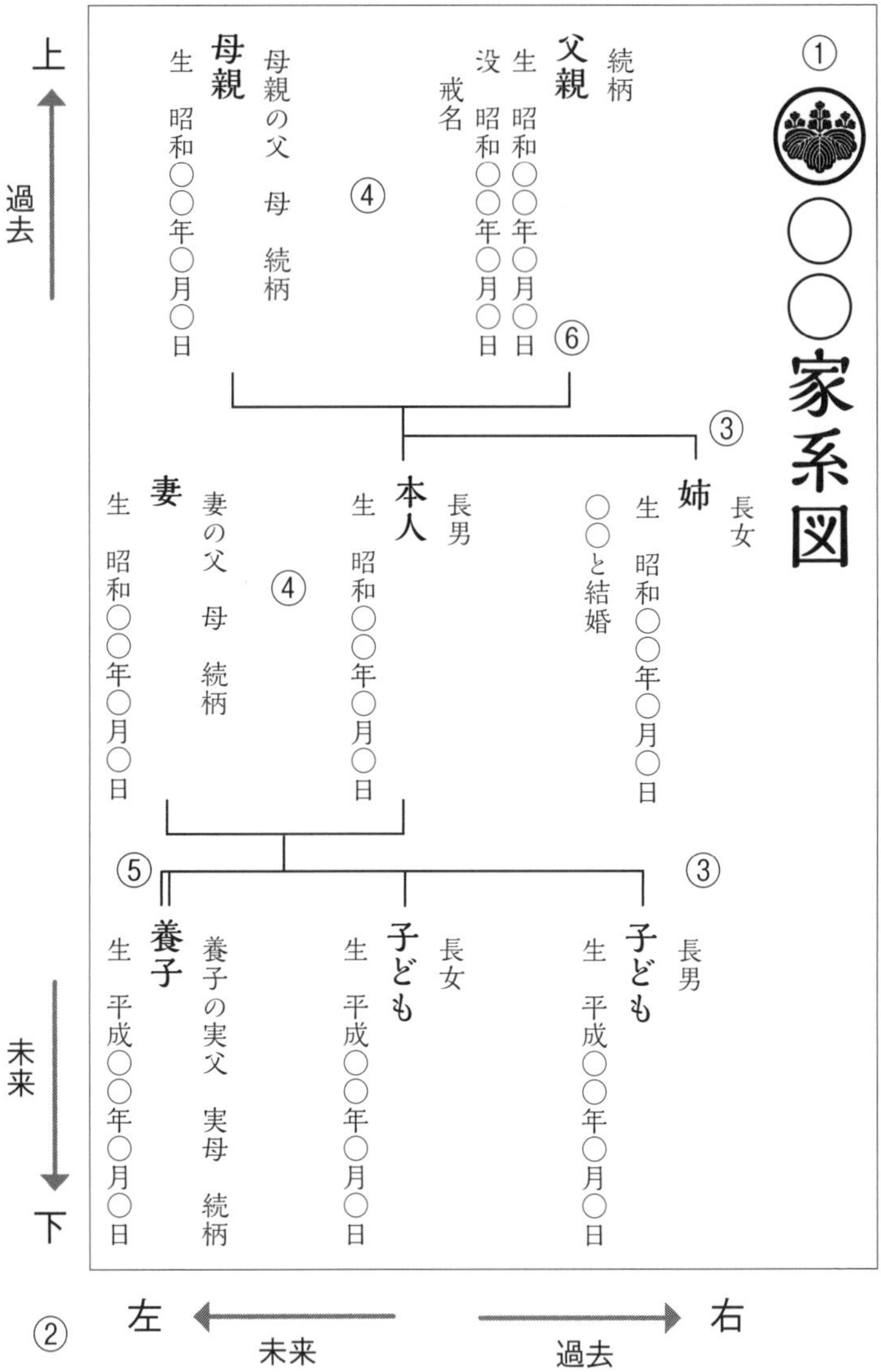

（兄弟姉妹は生まれた順に右から、夫婦は夫が右）

家系図の書き方

・上から下、右から左を時系列とする

・兄弟姉妹は生まれた順に右から、夫婦は夫を右に書く

◆人名と注釈のバランス

・人名は目立たせましょう。

・続柄は、人名の右に、人名より小さな字で入れるとよいでしょう。

・続柄は、系図の線で両親がわかっている場合は、単に「長男」「長女」等。養子や嫁いできている場合は、判明していれば両親の名も書くとよいでしょう。

・代数を入れる場合は、バランスを見て続柄の上か右あたりがよいかもしれません。

・注釈（出生日や没年などの情報）は、人名より小さな字で。また、人名より1スペース分以上は下げるとよいでしょう。

・注釈は、右から時系列に並べましょう。一番右が出生日、一番左が没年、あるいは判明していれば、戒名もあわせて書くのがよいでしょう。

○○代
Aの父　母　長男
人名A
生○○年○月○日
○○年○月○日相続
没○○年○月○日
戒名○○

人名と注釈の例

◆複雑なケースは…

その他、複雑なケースは、ケースバイケースで見やすいようにします。

例えばよくあるのが、離婚や死亡などの理由で前妻と別れて後妻がいる場合、右から時系列というルールを優先させるとこうなります。

ですが、前妻と後妻が婚姻しているようにも見えてしまいます。

そこで、わかりやすさを重視するとこうなります。

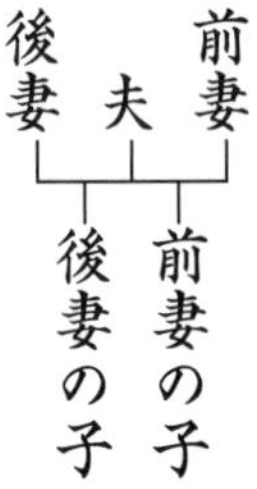

古来からの表記方法を優先するなら前者ですが、お好みでわかりやすい方を選んでもよいと思います。

戸籍・除籍謄本について知ろう

◆戸籍謄本と除籍謄本の違い

「戸籍謄本」と「除籍謄本」の違いは何でしょうか。

戸籍謄本とは、現在の戸籍のことです。世帯主をはじめ、その家族が載っています。

除籍謄本とは、記載されている人物すべてが、結婚か離婚、死亡、転籍（本籍地を変更）により、誰もいなくなったことを表した戸籍のことです。

その他、「改製原戸籍《かいせいげんこせき》」という、戸籍制度が改正された際にできる戸籍もありますが、これは除籍謄本に近いです（本書では、便宜上、すべてを含めて「戸籍」と表現することがあります）。

ついでに、「謄本」と「抄本」についても述べておきましょう。

戸籍には、戸籍の一部（例えば、特定の1名のみ）を記載した抄本と、すべてを記載した謄本とがあります。**家系調査で請求する戸籍は、すべて謄本です。**

戸籍

（正確には戸籍謄本）

世帯主をはじめ、その家族――すなわち、妻や子どもが載っています。

夫	妻	子
渡辺宗貴	朱羽子	緑

除籍謄本

書かれている人物が結婚するか亡くなるかなどして、すべての人物が抜けてしまった戸籍のこと。

死亡	死亡	結婚
夫	妻	子
渡辺宗貴	朱羽子	緑

戸籍謄本と除籍謄本

◆戸籍はどこにある？

どの家でも、家系図を作るなら、「戸籍調査」が絶対に必要です。

自分の戸籍謄本は、「自分の本籍地が置かれている役所」にあります。

結婚をしていれば、自分あるいは配偶者（たいていは夫）が筆頭者の戸籍。結婚していなければ、両親いずれか（たいていは父親）が筆頭者の戸籍があります。

自分→父親（1代前）→祖父（2代前）→曾《そう》祖父（3代前）→……と順に、古い戸籍（除籍謄本）をたどっていきますが、代々同じ地に住んでいる（同じ地に本籍地を置いている）と、一カ所の役所に代々の戸籍があることもあります。逆に、全国を転々として、各地の役所に先祖の戸籍が眠っていることもあります。

これからの物語で語られる葛西家の場合は、現在は札幌《さっぽろ》市清岡区（架空の区）に本籍があり、物語の舞台となっている清岡区役所に最初の戸籍がありました。

この後、葛西美々は、釧路《くしろ》市で生まれた父や阿寒《あかん》村で生まれ釧路市内を転々とする祖父の戸籍、さらには青森から北海道に渡った曾祖父の戸籍をさかのぼって追い、青森県の役所から郵送で取り寄せます。

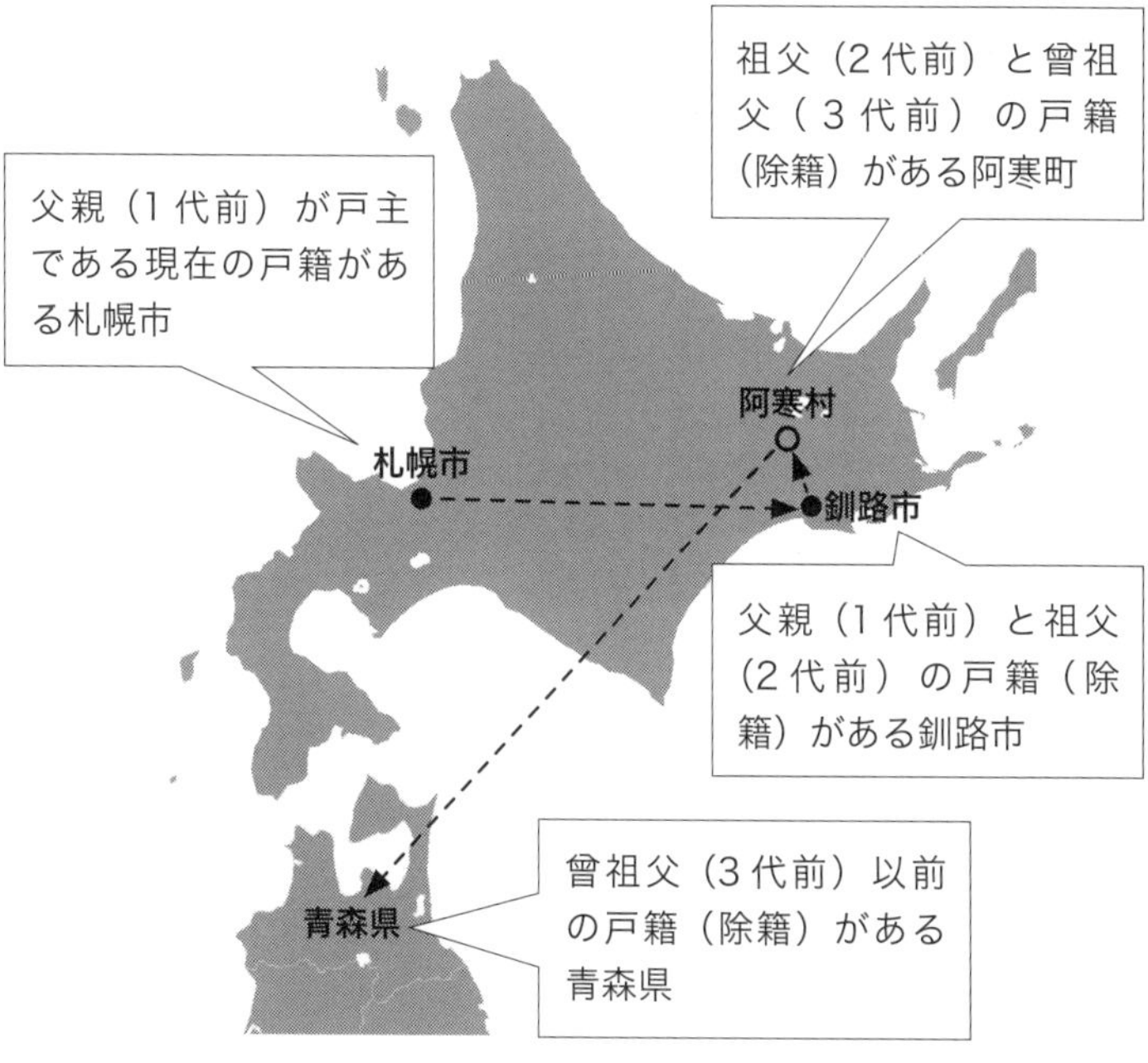

美々がたどっていく戸籍がある場所

◆戸籍・除籍謄本には、保管期限がある

全国のどこかの役所に保管されている先祖の戸籍は、子孫が探しに来なければ、この先誰の目にもふれることなく、永遠に破棄されてしまいます。

保管期限を迎えた当日や役所の年度末、あるいは市町村合併のタイミングで、誰に通知されることもなく、役所や法務局の冷たい倉庫に運び込まれ封印されます。東京や大阪、あるいは各都道府県の都心部の役所では、倉庫に保管されるのではなく、本当に破棄処分されています。

一度封印された先祖の戸籍は、二度と取得することができません。保管期限は、現在150年で、明治期の戸籍が一日ごとに破棄されています。

すぐにでも調査を始めないと、江戸末期に生まれ明治維新期を生きた先祖のことが永久にわからなくなるのです。

古い戸籍・除籍謄本が破棄されて一番困るのは、江戸末期〜明治初期の先祖の「名前」と「本籍地（先祖が住んだ地）」が判明しなくなることです。

江戸末期〜明治初期の先祖の情報を戸籍で得ることができないと、その後の郷土誌調査や

お寺・お墓探しなどが不可能になってしまいます。

江戸時代は今とは違い、人の移動に制限があった時代です。武士も庶民も、その地を領地とした藩に管理されていました。古い時代は、「戸籍の本籍地＝住所」でした。

戸籍から本籍地がわかれば、先祖は代々その地に住んでいた可能性が非常に高いです。先祖のお墓や先祖が代々使っていたお寺（菩提寺）が、その地にあると考えられます。

◆戸籍で、150～200年前までさかのぼれる

日本に戸籍制度ができたのが1872（明治5）年（壬申《じんしん》戸籍）で、現在取得できる一番古い戸籍は、1886年（明治19年式戸籍）です。

戸籍では、150～200年前の先祖までたどれます。江戸末期～明治初期の先祖の名前や生まれた年、亡くなった年がわかります。

世代数（両親を1代前と数える）でいうと、おおよそ3～6代前までわかります。

さかのぼれる世代数は、先祖の存命期間や隠居・分家時期、あるいは戸籍の改正時期等に左右されますが、平均4～5代前までわかることが多いです。

戸籍・除籍謄本の取り寄せ方

では、戸籍の具体的な取得方法を解説しましょう。

といっても、これから述べることのすべてを理解する必要はありません。

戸籍の取り扱い事務は、市町村役場で行われています。

今すぐ役所の窓口に行って、「家系図を作るために戸籍を取りたいのですが、どうすればいいですか？」と聞いてみましょう。役所の担当の人が、戸籍の取り方を教えてくれるはずです。

前に申した通り、戸籍は保管期限があるので、なるべく早く、必ず取ることが大事なのです。

戸籍の取得は、「習うより慣れろ」「巧遅《こうち》は拙速《せっそく》に如《し》かず（上手だが遅いよりも、下手でも速い方がよい）」です。

◆まずは、現在の自分の戸籍謄本を取る

戸籍を取るのに必要なものは、次ページにある表の通りです。

表の「請求時に必要な情報」の項目にある「請求者」とか「筆頭者」とか「請求に係る者と請求者の関係」とか、一見ややこしいですが、順を追って実践的に把握していきましょう。

「戸籍の請求範囲」の項目にある「直系尊属」とは、すなわち、血のつながりのある両親のことです。

例えば、「保管分すべて」とは、父の戸籍の他に、同じ役所に父の父（祖父）やその父（曾祖父）の戸籍があれば、それもすべてほしいということです。

また、両親の家系を調べる場合は、「父方直系尊属および母の父方直系尊属保管分すべて」と請求します。すべての系統の場合、「直系尊属保管分すべて」とします。お子様・お孫様がいて、その戸籍も取る場合は、「直系卑属保管分すべて」と請求します。

◆役所の窓口での請求方法

役所窓口の戸籍証明請求書を使います（51ページに例）。

戸籍取得に必要なもの

必要なもの	内容
身分証明証	免許証、保険証、パスポート等 ※顔写真付き。顔写真がない場合は複数枚必要なことも。
お金	・戸籍謄本１通　：450円 ・除籍謄本１通　：750円 ・改製原戸籍１通：750円 ※郵送の場合は、定額小為替。
印鑑	三文判でOK
請求時に必要な情報	・本籍地 ※現住所とは違います。不明の場合は住民票を取得し確認します。 ・戸籍の筆頭者 ※結婚していれば本人か配偶者。していなければ両親のいずれか。たいていは父。 ・戸籍の筆頭者の生年月日 ・請求に係る者（自分の戸籍の場合は本人） ・請求に係る者の生年月日 ・戸籍の筆頭者と請求に係る者の関係 ・請求者 ・請求者の生年月日 ・戸籍の筆頭者と請求者の関係 ・請求に係る者と請求者の関係
必要な戸籍の種類	・謄本（抄本ではない） ・戸籍謄本・除籍謄本・改製原戸籍（不明のときはすべて）
戸籍の請求範囲	父方の家系だけ必要な場合は、「父方直系尊属保管分すべて」

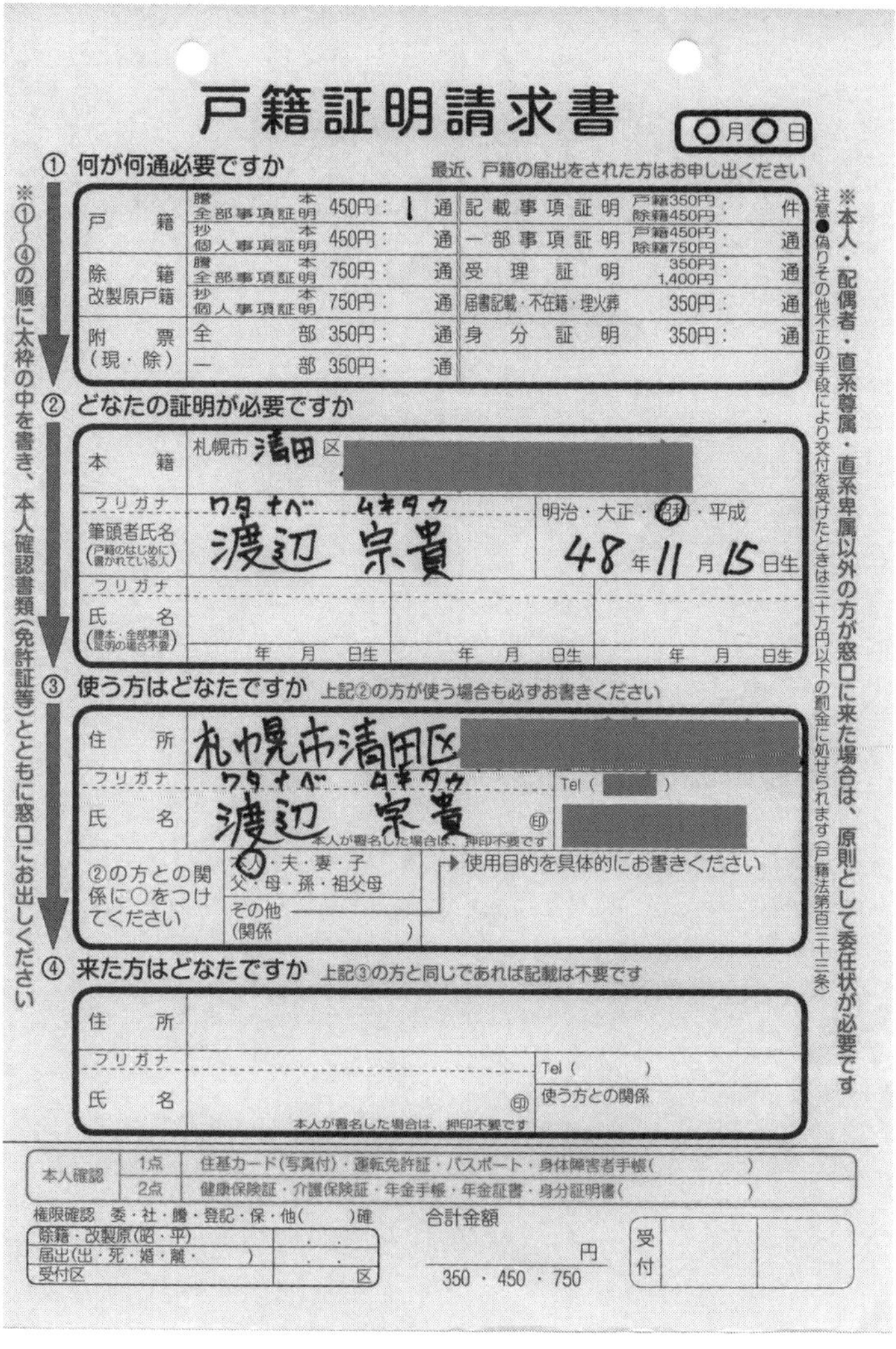

戸籍証明請求書

○月○日

※①～④の順に太枠の中を書き、本人確認書類（免許証等）とともに窓口にお出しください

① 何が何通必要ですか

最近、戸籍の届出をされた方はお申し出ください

戸籍	謄本 全部事項証明	450円：1通	記載事項証明	戸籍350円 除籍450円	：件
	抄本 個人事項証明	450円：通	一部事項証明	戸籍450円 除籍750円	：通
除籍 改製原戸籍	謄本 全部事項証明	750円：通	受理証明	350円 1,400円	：通
	抄本 個人事項証明	750円：通	届書記載・不在籍・埋火葬	350円	：通
附票（現・除）	全部	350円：通	身分証明	350円	：通
	一部	350円：通			

② どなたの証明が必要ですか

本籍	札幌市清田区[redacted]		
フリガナ	ワタナベ　ムネタカ		明治・大正・昭和・平成
筆頭者氏名（戸籍のはじめに書かれている人）	渡辺　宗貴		48年11月15日生
フリガナ			
氏名（謄本・全部事項証明の場合不要）			
	年　月　日生	年　月　日生	年　月　日生

③ 使う方はどなたですか

上記②の方が使う場合も必ずお書きください

住所	札幌市清田区[redacted]	
フリガナ	ワタナベ　ムネタカ	Tel（[redacted]）
氏名	渡辺　宗貴　㊞ 本人が署名した場合は、押印不要です	[redacted]
②の方との関係に○をつけてください	本人・夫・妻・子 父・母・孫・祖父母 その他（関係　）	使用目的を具体的にお書きください

④ 来た方はどなたですか

上記③の方と同じであれば記載は不要です

住所		
フリガナ		Tel（　）
氏名	㊞ 本人が署名した場合は、押印不要です	使う方との関係

本人確認	1点	住基カード（写真付）・運転免許証・パスポート・身体障害者手帳（　）
	2点	健康保険証・介護保険証・年金手帳・年金証書・身分証明書（　）

権限確認　委・社・謄・登記・保・他（　）確

除籍・改製原（昭・平）	． ．
届出（出・死・婚・離・　）	． ．
受付区	区

合計金額　円
350・450・750

受付

※本人・配偶者・直系尊属・直系卑属以外の方が窓口に来た場合は、原則として委任状が必要です

注意● 偽りその他不正の手段により交付を受けたときは三十万円以下の罰金に処せられます（戸籍法第百三十三条）

役所窓口の戸籍証明請求書（例）

◆郵送での請求方法

遠くの地域にある役所がある場合などは、郵送で戸籍を請求しましょう。
郵送での請求に必要なものは、次のものです。

・切手、封筒
・返信用封筒（Ａ４版）※Ａ４版なのは、戸籍に折り目を付けないため
・定額小為替（郵便局で買います）
・身分証のコピー
・必要な戸籍とのつながりを示す戸籍のコピー
・請求時に必要な情報を書いたメモ（または戸籍証明請求書）
・戸籍の請求範囲を書いたメモ

古い戸籍へとさかのぼる方法
――「戸籍調査」シミュレーション

それでは、美々より一足先に、現在から江戸末期まで戸籍をさかのぼってみましょう。
戸籍請求のコツや、読み方のコツも同時に学びましょう。
著者「渡辺宗貴（わたなべ むねたか）」の戸籍を見本にします。

◆現在の戸籍

55ページにあるのは、「渡辺宗貴」の現在の戸籍です。
本籍地が札幌市清田区なので、清田区役所に保管されていました。
父の名「荘一」が載っています。1代前までさかのぼれました。

荘一←宗貴

この戸籍から、一つ前の戸籍請求先を読み取ります。

基本は「戸籍がいつできたか」を見て、一つ前の戸籍を取ることです。

また「従前戸籍」「転籍」「分家」等の記載から、より古い戸籍を同時に請求することもできます。

まずは「戸籍事項　転籍」欄より。
【転籍日】平成20年6月5日
【従前本籍】北海道札幌市白石区北郷一条七丁目7番
とあります。
「札幌白石区役所」に、渡辺宗貴が筆頭者の転籍前の戸籍があることがわかります。
もう一つは「身分事項　婚姻」欄より。
【婚姻日】平成18年7月28日
【配偶者氏名】玉置朱羽子
【従前戸籍】北海道札幌市豊平区月寒東三条十七丁目15番　渡辺荘一

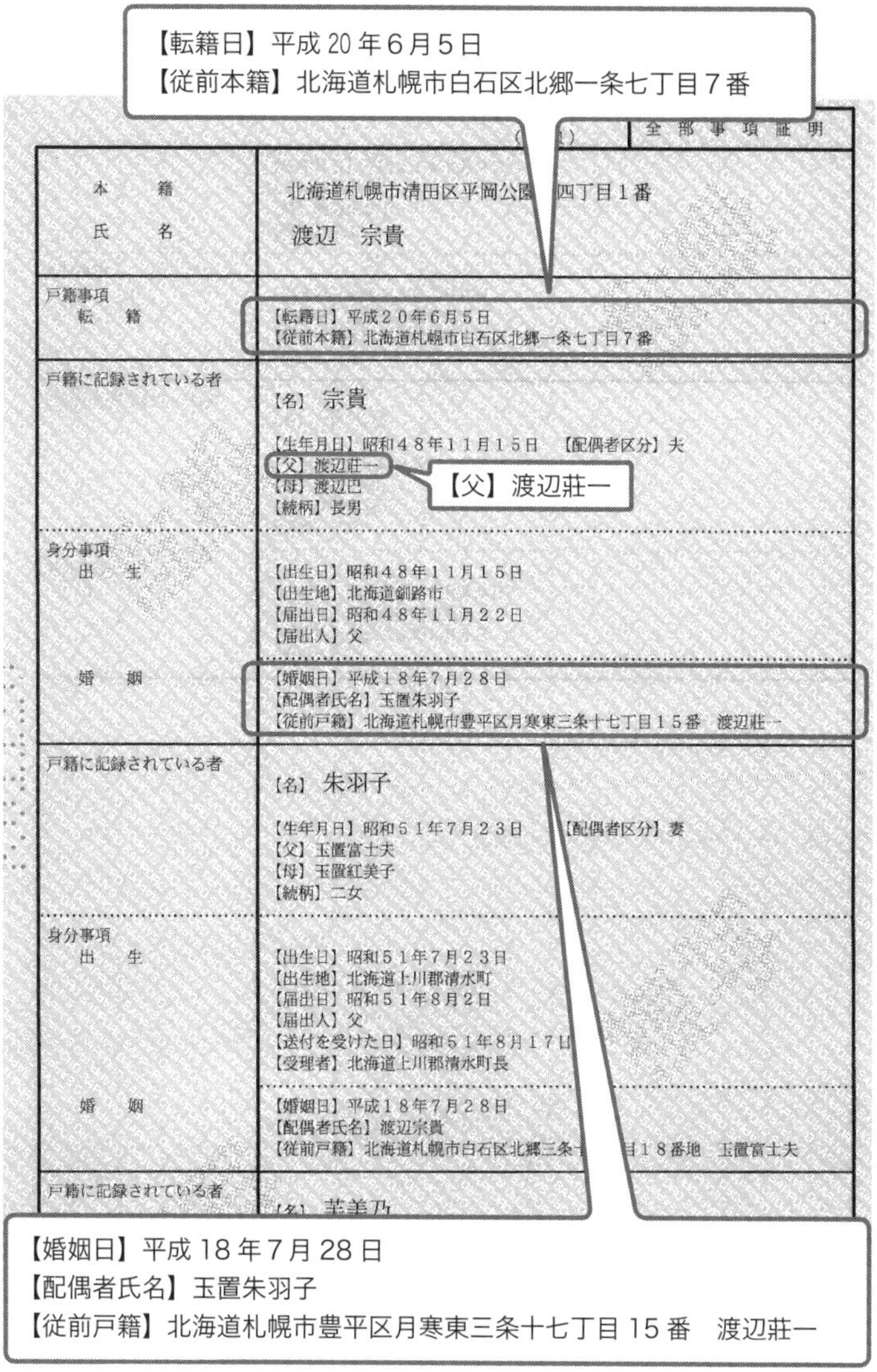
【転籍日】平成 20 年６月５日
【従前本籍】北海道札幌市白石区北郷一条七丁目７番
全部事項証明
本籍　北海道札幌市清田区平岡公園東四丁目１番
氏名　渡辺　宗貴
戸籍事項　転籍
【転籍日】平成２０年６月５日
【従前本籍】北海道札幌市白石区北郷一条七丁目７番
戸籍に記録されている者
【名】宗貴
【生年月日】昭和４８年１１月１５日　【配偶者区分】夫
【父】渡辺荘一
【母】渡辺巴
【続柄】長男
【父】渡辺荘一
身分事項　出生
【出生日】昭和４８年１１月１５日
【出生地】北海道釧路市
【届出日】昭和４８年１１月２２日
【届出人】父
婚姻
【婚姻日】平成１８年７月２８日
【配偶者氏名】玉置朱羽子
【従前戸籍】北海道札幌市豊平区月寒東三条十七丁目１５番　渡辺荘一
戸籍に記録されている者
【名】朱羽子
【生年月日】昭和５１年７月２３日　【配偶者区分】妻
【父】玉置富士夫
【母】玉置紅美子
【続柄】二女
身分事項　出生
【出生日】昭和５１年７月２３日
【出生地】北海道上川郡清水町
【届出日】昭和５１年８月２日
【届出人】父
【送付を受けた日】昭和５１年８月１７日
【受理者】北海道上川郡清水町長
婚姻
【婚姻日】平成１８年７月２８日
【配偶者氏名】渡辺宗貴
【従前戸籍】北海道札幌市白石区北郷三条十　目１８番地　玉置富士夫
戸籍に記録されている者
【婚姻日】平成 18 年７月 28 日
【配偶者氏名】玉置朱羽子
【従前戸籍】北海道札幌市豊平区月寒東三条十七丁目 15 番　渡辺荘一

現在の戸籍

「札幌豊平区役所」に婚姻（結婚）前の戸籍があることがわかります。
筆頭者は「渡辺荘一」。結婚前は、父の戸籍に子どもとして入っていたわけです。

このように、**一つの戸籍から複数の請求先がわかるケースがよくありますが、どちらの戸籍も請求します。**

◆1代前の戸籍

左は、「渡辺宗貴」の父「渡辺荘一」の戸籍です。
「渡辺荘一」の父として、「渡辺荘三郎」が載っています。2代前までさかのぼれました。

荘三郎↑荘一↑宗貴

次の請求先を読み取ります。
「戸籍事項　戸籍改製」より。
【改製日】　平成14年3月2日
【改製事由】平成6年法務省令第51号附則第2条第1項による改製

【改製日】 平成 14 年３月２日
【改製事由】平成６年法務省令第 51 号附則第２条第１項による改製

本　　籍 氏　　名	北海道札幌市豊平区月寒　条十七丁目１５番 渡辺　荘一
戸籍事項 　戸籍改製	【改製日】平成１４年３月２日 【改製事由】平成６年法務省令第５１号附則第２条第１項による改製
戸籍に記録されている者	【名】荘一 【生年月日】昭和１７年６月１０日　　【配偶者区分】夫 【父】渡邉荘三郎 【母】渡邉ユミ 【続柄】長男
身分事項 　出　　生	【出生日】昭和１７年６月１０日 【出生地】北海道釧路市 【届出日】昭和１７年６月１７日 【届出人】父 【送付を受けた日】昭和１７年６月２０日 【受理者】北海道釧路市長
婚　　姻	【婚姻日】昭和４３年６月５日 【配偶者氏名】葛西巴 【従前戸籍】北海道釧路市鳥取４３番地　渡邉荘三郎
戸籍に記録されている者	【名】巴
出　　生	【出生日】昭和１８年６月２２日 【出生地】北海道阿寒郡阿寒村 【届出日】昭和１８年７月１日 【届出人】父 【送付を受けた日】昭和１８年７月６日 【受理者】北海道阿寒郡阿寒村長
婚　　姻	【婚姻日】昭和４３年６月５日 【配偶者氏名】渡辺荘一 【従前戸籍】北海道釧路市堀川町７番地１１　葛西丑藏
戸籍に記	

発行番号　　以下次頁

【父】渡邉荘三郎

【婚姻日】昭和 43 年６月５日
【配偶者氏名】葛西巴
【従前戸籍】北海道釧路市鳥取 43 番地　渡邉荘三郎

【婚姻日】昭和 43 年６月５日
【配偶者氏名】渡辺荘一
【従前戸籍】北海道釧路市堀川町７番地 11　葛西丑藏

１代前の戸籍

とあります。

戸籍法の改正でこの戸籍ができたということは、同じ役所に改正前の戸籍があるということです。この戸籍と同じく、「札幌豊平区役所」に戸籍を請求します。

「身分事項　婚姻」欄より。

【婚姻日】昭和43年6月5日

【配偶者氏名】葛西巴

【従前戸籍】北海道釧路市鳥取43番地　渡邉荘三郎

とあります。

「釧路市役所」に婚姻（結婚）前の戸籍があることがわかります。筆頭者は「渡辺荘三郎」。「渡辺宗貴」の父「渡辺荘一」も、結婚前は父（宗貴の祖父）の戸籍に子どもとして入っていたわけです。

宗貴の住む札幌市と釧路市は、車で7時間くらいかかる距離ですので、郵送で請求しましょう。請求時に必要な情報は、左下の表の通りです。

ちなみに、父方以外に、母方もたどることができます。
この戸籍に「渡辺宗貴」の母「渡辺巴（旧姓 葛西）」が記載されています。物語のモデルとなった著者の母方葛西家です。

「身分事項 婚姻」欄より。

【婚姻日】昭和43年6月5日
【配偶者氏名】渡辺荘一
【従前戸籍】北海道釧路市堀川町7番地11 葛西丑藏

とありますので、母方もたどる場合は「釧路市役所」に請求します。

郵送での請求時に必要な情報

項目	内容
本籍地	北海道釧路市鳥取 43 番地
戸籍の筆頭者	渡邉荘三郎
戸籍の筆頭者の生年月日	不明なので空欄
請求に係る者	渡辺荘一
請求に係る者の生年月日	昭和 17 年 6 月 10 日
戸籍の筆頭者と請求に係る者との関係	子
請求者	渡辺宗貴
請求者の生年月日	昭和 48 年 11 月 15 日
戸籍の筆頭者と請求者の関係	孫
請求に係る者と請求者の関係	子

◆2代前の戸籍

左は、「渡辺宗貴」の祖父「渡邉荘三郎」の戸籍です。

曾祖父「渡邉荘太」の名が載っています。3代前までさかのぼれました。

荘太↑荘三郎↑荘一↑宗貴

ところで、「渡辺」ではなく「渡邉」と書かれていますが、これは近年簡単な「辺」に表記を変えるよう届け出たためです。

それでは、次の請求先を読み取ります。

右側上の欄に、

「上磯郡上磯町字茂邉地二百五番地から転籍　渡邉ユミ届出　昭和三十七年八月十四日受付」

とあります。

渡邉家は、釧路に来る前は、同じ北海道の上磯《かみいそ》町に住んでいたようです。

このあたりから古い時代の地名が出てきて、請求先がわかりにくいケースがあります。

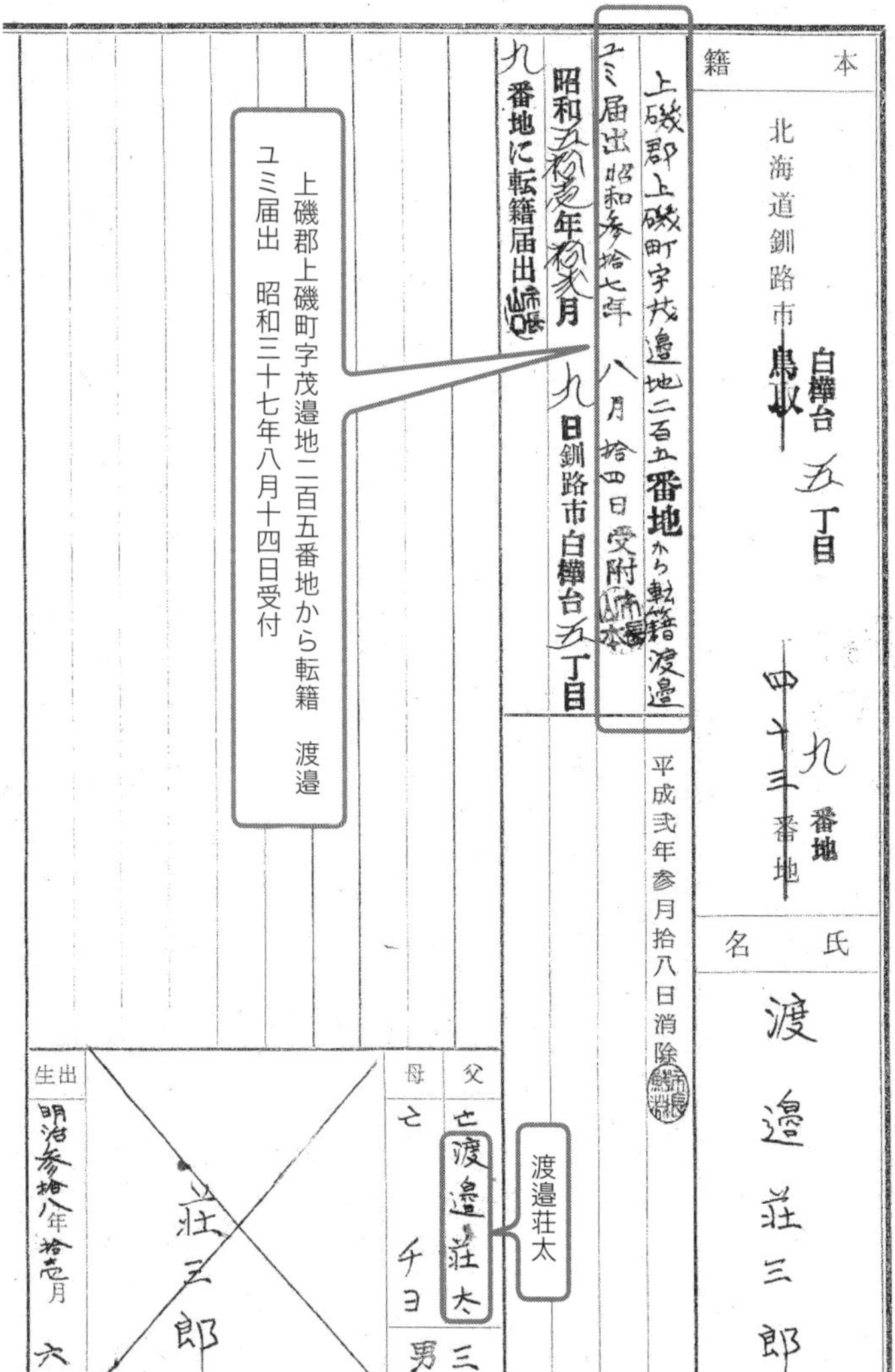
本籍
北海道釧路市鳥取 白樺台五丁目
四十三番地 九番地
氏名
渡邉荘三郎
平成弐年参月拾八日消除
上磯郡上磯町字茂邉地二百五番地から転籍渡邉ユミ届出昭和参拾七年八月拾四日受附
昭和五拾壱年拾弐月九日釧路市白樺台五丁目九番地に転籍届出
上磯郡上磯町字茂邉地二百五番地から転籍　渡邉
ユミ届出　昭和三十七年八月十四日受付
父　亡　渡邉荘太
母　亡　チヨ
三男
荘三郎
出生　明治参拾八年拾壱月六日
渡邉荘太

2代前の戸籍

古い地名は、役所に聞いたりインターネットで調べたりします。

「上磯町」をネットで検索すると、「北海道渡島《おしま》支庁中部にあった町で現在の北海道北斗《ほくと》市」であることがわかりますので、「北斗市役所」に戸籍を請求します。

◆転籍前の2代前の戸籍

左も、「渡辺宗貴」の祖父「渡邉荘三郎」の戸籍です。祖父の転籍前の地である上磯町（現在の北斗市）に請求した戸籍です。

先ほどの戸籍以上にさかのぼれていませんが、「渡邉荘三郎」の上の欄に、

「上磯郡茂別村字茂邊地二〇五番地　戸主荘太参男　分家届出　昭和八年一月十二日受付」

とあります。

戸主とは、現在の筆頭者にあたります。分家とは、旧民法の制度です。

このあたりから、現在の戸籍表記とは違う記載が散見されますし、手書きで字が読みにくいことが多くなってきます（対応方法については、本講の次の項で述べます）。

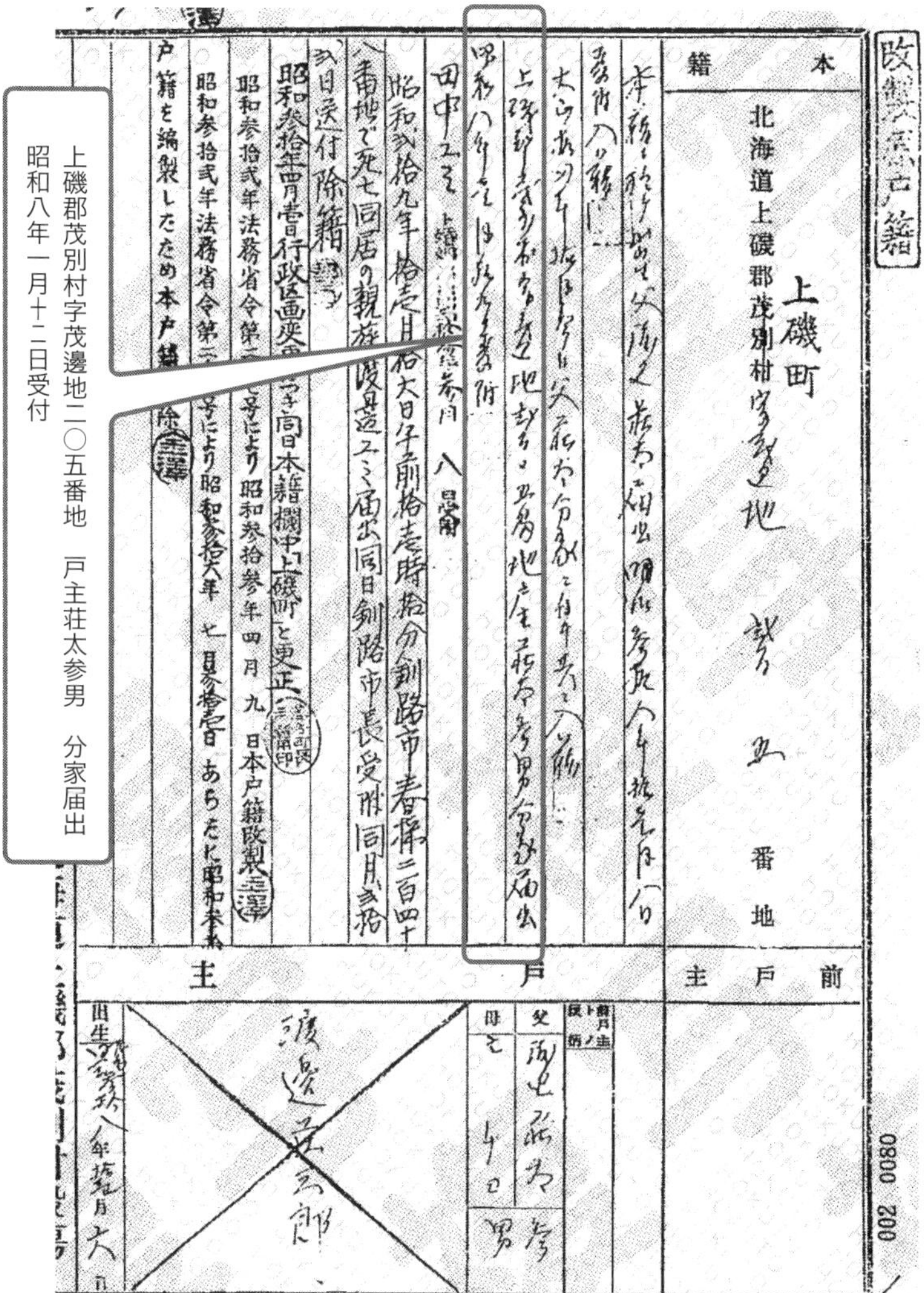
改製原戸籍
本籍
北海道上磯郡茂別村字
番地
前戸主
上磯郡茂別村字茂邊地二〇五番地　戸主荘太参男　分家届出
昭和八年一月十二日受付

転籍前の２代前の戸籍

「渡邉荘三郎」は分家をしてこの戸籍の戸主となったようですが、その前は父「渡邉荘太」が戸主の戸籍に入っていたようです。

「北斗市役所」に戸籍を請求します。

◆3代前の戸籍

左は、「渡辺宗貴」の曾祖父（3代前）「渡邉荘太」の戸籍です。

「荘太」の父「渡辺荘兵衛」の名が載っています。4代前までさかのぼれました。

荘兵衛←荘太←荘三郎←荘一←宗貴

次の請求先を読み取ります。

この戸籍の請求先は、二つ。

「渡邉荘太」が「この戸籍の前にいた戸籍」と「この戸籍の後に入った戸籍」です。

まずは、この戸籍の前にいた戸籍を請求します。

「渡邉荘太」の上の欄に、

「上磯郡茂別村大字茂辺地村字茂辺地百十七番地　戸主渡辺まる伯父　分家届出　大

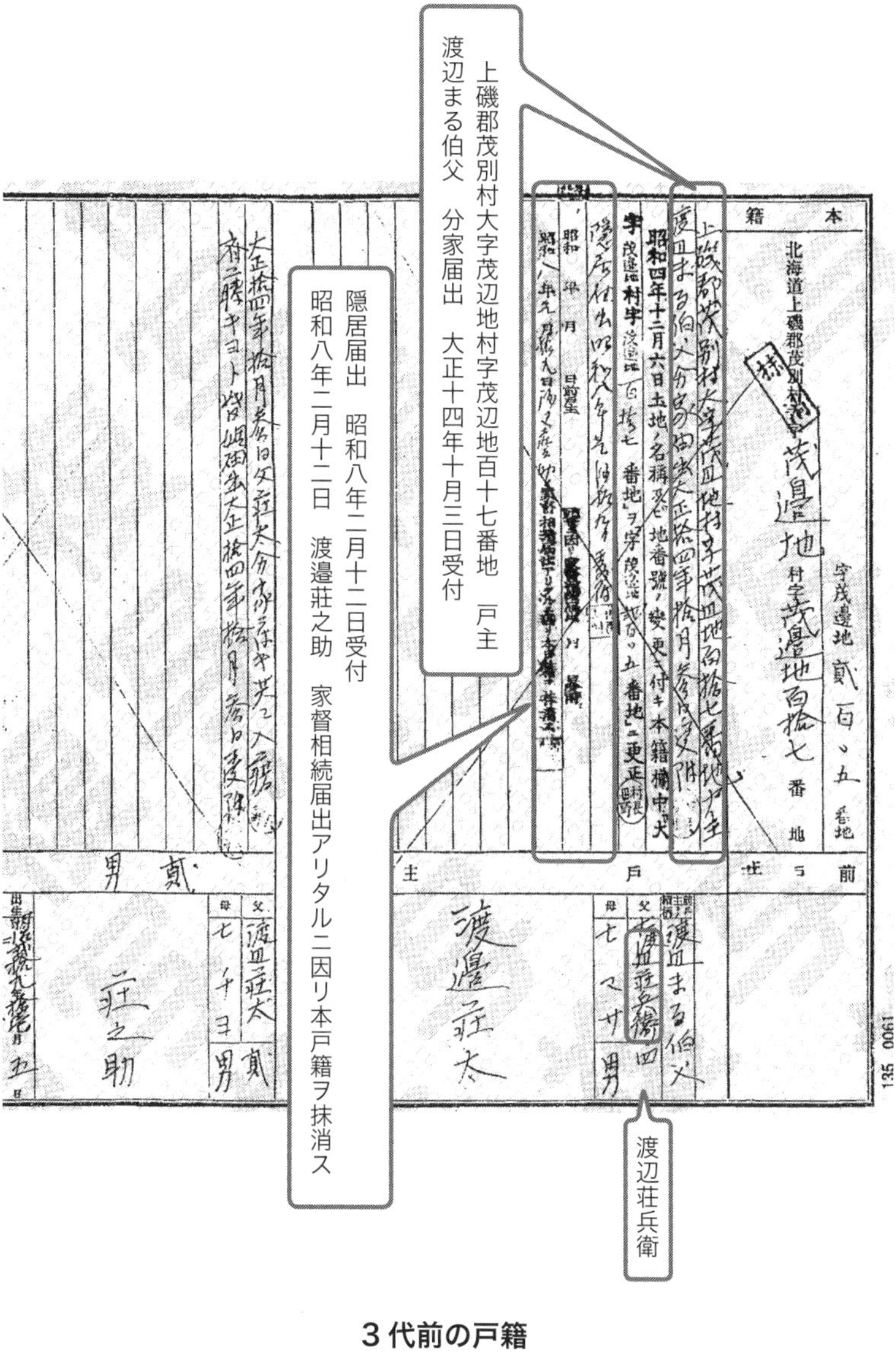
上磯郡茂別村大字茂辺地百十七番地　戸主
渡辺まる伯父　分家届出　大正十四年十月三日受付
隠居届出　昭和八年二月十二日受付
昭和八年二月十二日　渡邉荘之助　家督相続届出アリタルニ因リ本戸籍ヲ抹消ス
渡辺荘兵衛

３代前の戸籍

正十四年十月三日受付」

とあります。

「渡邉荘太」は、この戸籍ができる前は、「渡辺まる」という人物の戸籍に入っていたようです。

「渡邉荘太」が「渡辺まる」の伯父に当たるということは、「渡辺まる」は「渡邉荘太」の兄の子どもなのでしょうか？

「北斗市役所」に分家前の戸籍を請求します。

ちなみに、「渡辺まる」は「渡辺」と表記されています。何か理由があるのでしょうか？

後ほど、この後の戸籍の表記を見てみましょう。

次に、この戸籍の後に入った戸籍を請求します。

「渡邉荘太」の上の欄に、

「隠居届出　昭和八年二月十二日受付」

とあり、その後に、次のようにあります。

「昭和八年二月十二日　渡邉荘之助　家督相続届出アリタルニ因リ本戸籍ヲ抹消ス」

これは、この戸籍は、「渡邉荘太」が隠居し、次男である「渡邉荘之助」に家督相続させたため、除籍になったということです。

同じ本籍に家督相続して戸主となった「渡邉荘之助」の戸籍があり、「渡邉荘太」はその戸籍に入っているということです。

「北斗市役所」に隠居後の戸籍も請求します。

このように、ただ戸籍を追うようにさかのぼるばかりではないケースも出てきます。この隠居後の戸籍を追わないと、隠居後の荘太の経緯がわからなくなります。つまり、**さかのぼるばかりではなく、没年まで追うという考え方も必要**になります。

◆3代前の隠居後の戸籍

まずは、先ほどの戸籍の後の戸籍（次のページ）です。

家督相続して戸主となった「渡邉荘太」の次男「渡邉荘之助」が戸主の戸籍です。

隠居した「渡邉荘太」が入っています。この戸籍を取得することで、「渡邉荘太」の没年

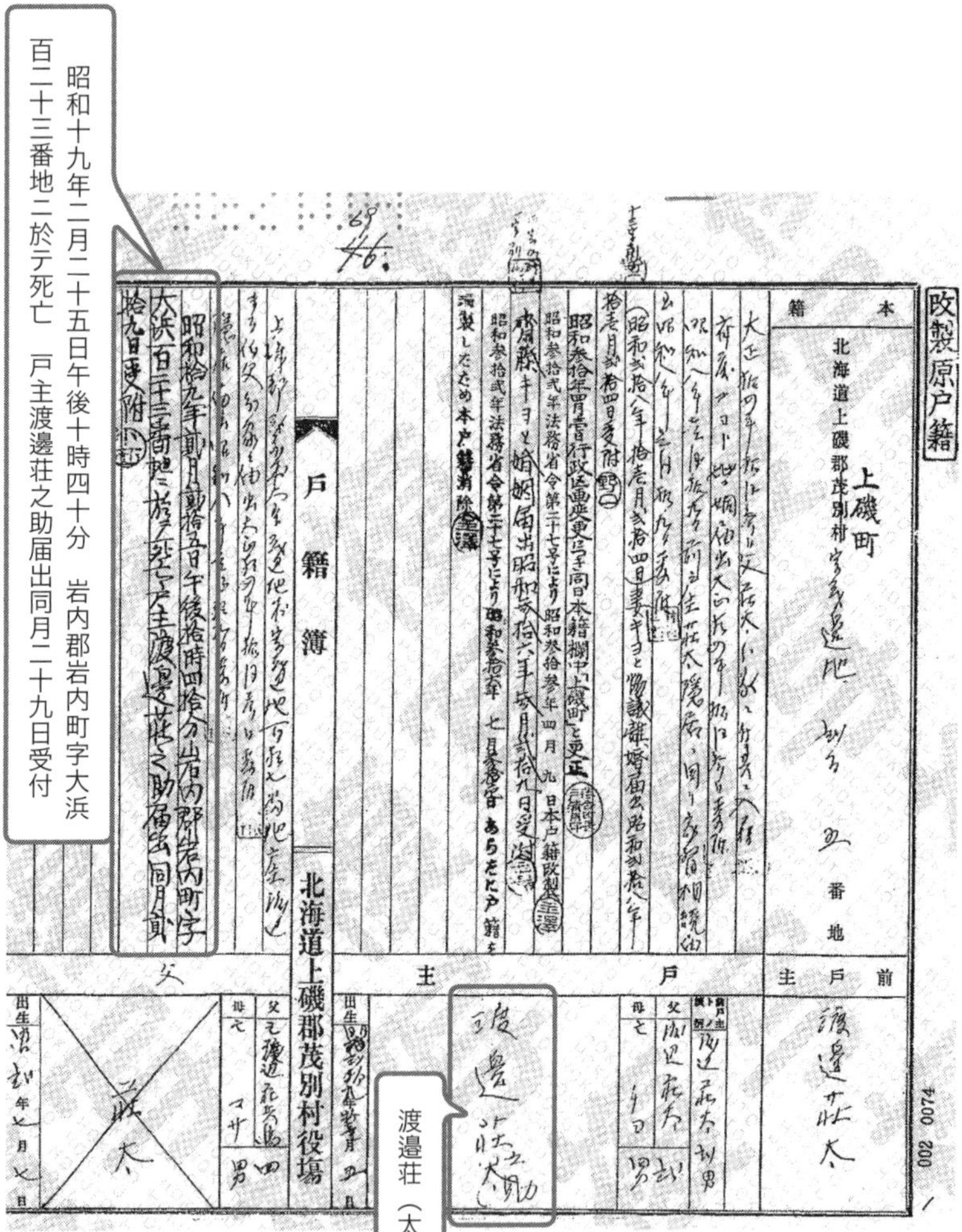
改製原戸籍
本籍
北海道上磯郡茂別村
上磯町
番地
前戸主
戸主
戸籍簿
北海道上磯郡茂別村役場
昭和十九年二月二十五日午後十時四十分　岩内郡岩内町字大浜百二十三番地ニ於テ死亡　戸主渡邉荘之助届出同月二十九日受付
渡邉荘（太）之助

3代前の隠居後の戸籍

が判明しました。

「昭和十九年二月二十五日午後十時四十分　岩内郡岩内町字大浜百二十三番地ニ於テ死亡　戸主渡邊荘之助届出同月二十九日受付」

とあるからです。

戸主の「渡邉荘之助」ですが、「渡邉荘（太）之助」と書かれています。この「太」は書き間違いです。「太」→「之助」と修正された跡です。

よく見ると、戸籍の上の段に「一字訂正」とあります。このような書き間違いや修正はよくあります。

◆3代前の前の戸籍

次に、先ほどの戸籍の前の戸籍（次のページ）です。

戸主「渡辺まる」の上の欄に、

「大正九年十月二十二日　前戸主荘吉死亡ニ因リ家督相続届出」

とあります。

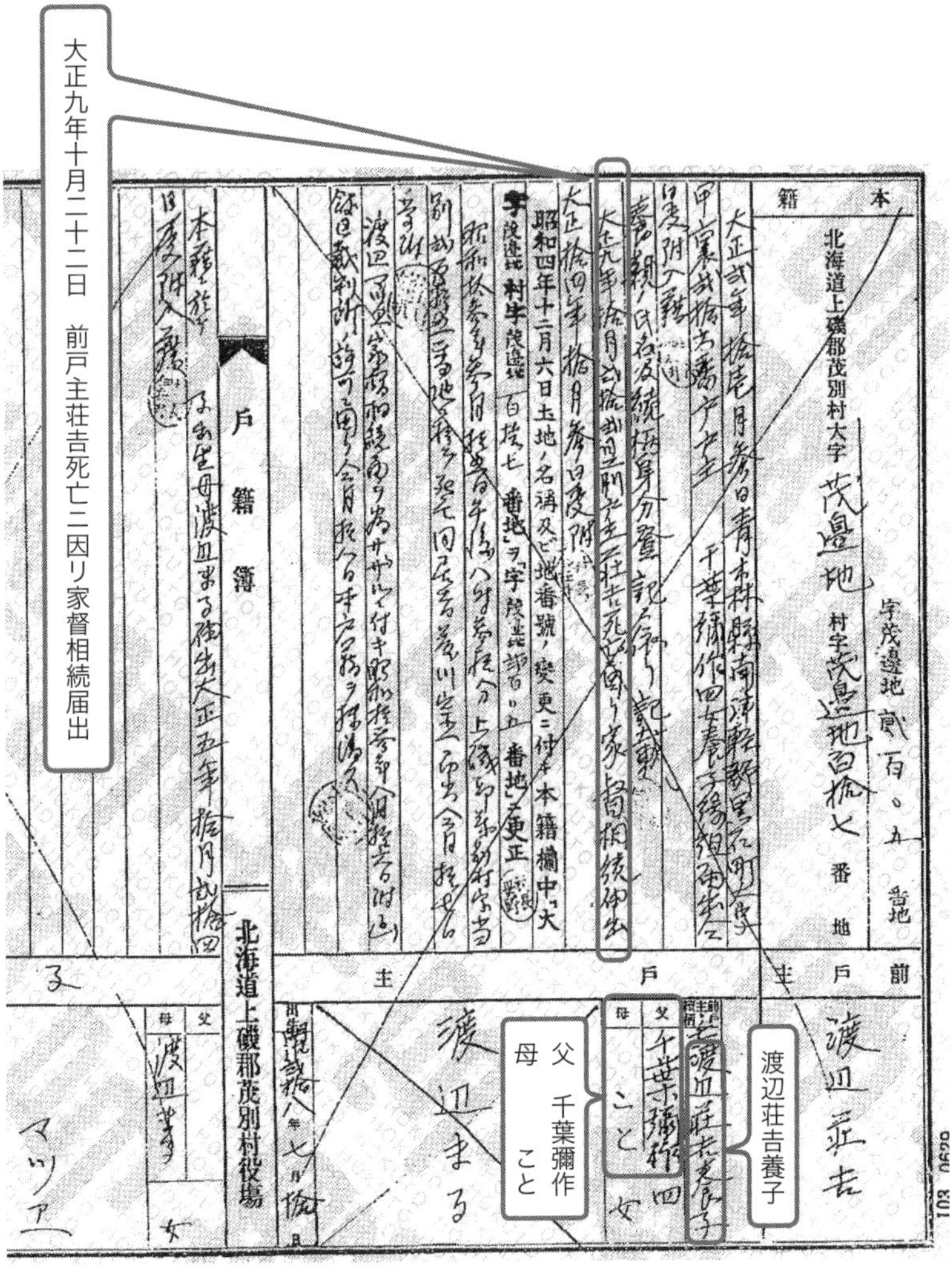
大正九年十月二十二日　前戸主荘吉死亡ニ因リ家督相続届出
渡辺荘吉養子
父　千葉彌作
母　こと
本籍
北海道上磯郡茂別村大字
前戸主
戸主
戸籍簿
北海道上磯郡茂別村役場

3代前の前の戸籍

「北斗市役所」に戸籍を請求します。

このケースのように、単純に「父↓祖父↓曾祖父↓……」と、直系の戸籍をさかのぼるだけではないことがよくあります。

ところで、「前戸主　荘吉」とは何者でしょうか？　次の戸籍を見れば判明するかもしれませんが、この戸籍からちょっと検証してみましょう。

「渡辺まる」の右の欄を見ると、「父　千葉彌作」「母　こと」とあり、さらに右に「渡辺荘吉養子」とあります。

①「渡辺まる」の実の両親は、千葉家。

②「渡辺まる」は、「千葉まる」として生まれ、「渡邊荘吉」の養女となる。

③「渡邊荘太」は、「渡辺まる」の叔父（「渡邊荘太」から見ると「渡辺まる」は兄の子ども）

ということは、「渡邊荘吉」は「渡邊荘太」の兄です。

このように、古い戸籍（正確には、1955（昭和30）年に戸

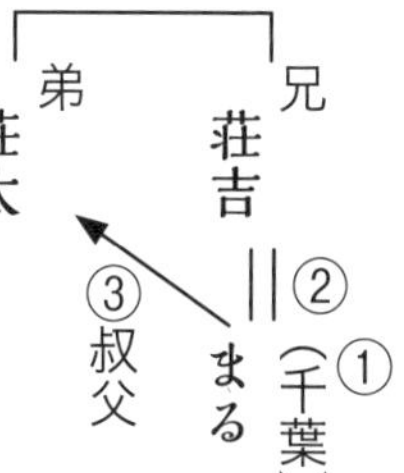

「渡辺まる」とは？

籍法が改正される前に使われていた改製原戸籍）には、家族（配偶者、子ども）だけでなく、祖父やきょうだいの配偶者、きょうだいの子ども、孫まで記載されています。

一方、現行の戸籍（現在の戸籍）には、筆頭者をはじめ、その家族――すなわち、配偶者や子どもだけが載っています。要するに、家族単位です。

これは、「三代戸籍禁止の原則」といって、親子2代までしか記載されないからです。

◆3代前の兄が戸主の戸籍

左は、渡辺宗貴の曾祖父（3代前）荘太が入った、兄・荘吉が戸主の戸籍です。

「渡邉荘吉」の左の欄に、

古い戸籍

家族だけなく、
祖父母や孫までも記載

夫	妻	子	父	甥	姪	祖父	孫
渡辺宗貴	朱羽子	緑	荘一	雅騎	昭子	荘三郎	如月

現行の戸籍

家族単位の戸籍

夫	妻	子
渡辺宗貴	朱羽子	緑

今と昔の戸籍の記載内容

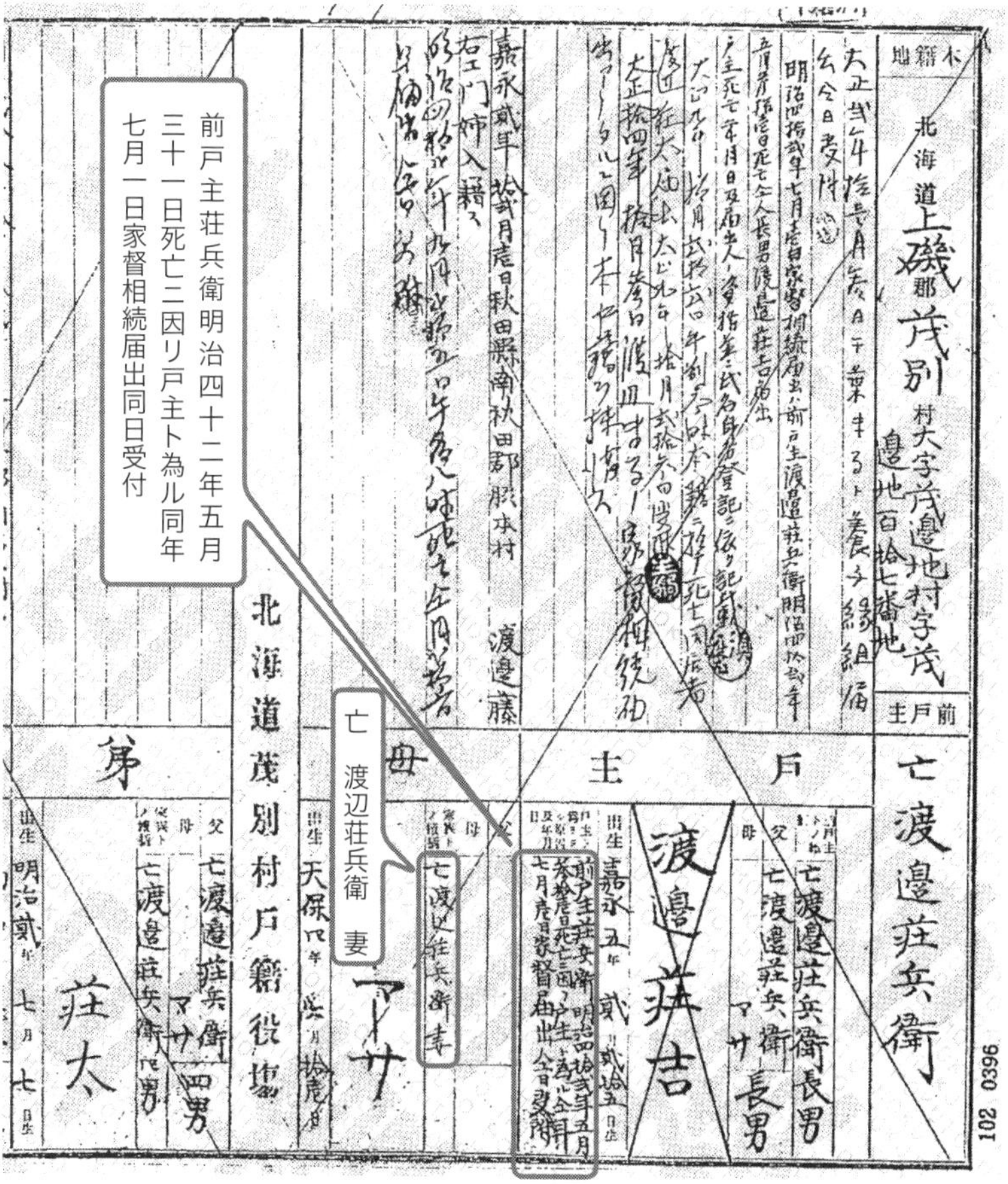

３代前の兄が戸主の戸籍

「前戸主荘兵衛明治四十二年五月三十一日死亡ニ因リ戸主ト為ル同年七月一日家督届
出同日受付」

とあります。

「北斗市役所」に戸籍を請求します。

『渡辺』なのか？『渡邉』なのか？」についてですが、古い戸籍になればなるほど、このようなケースはよく見られます。

例えば、「高橋さん」「高田さん」の「高」という字。「髙」といういわゆる「はしごだか」に表記されることもあります。「斉藤さん」の「斉」もいろいろな表記があります。

なぜこのようなことが起きるのか、大きく2パターンの理由が考えられます。

⑴漢字の表記に対する何らかのこだわり

⑵役所の人の書き癖

⑴の場合は、例えば「高田さん」の「高」と「髙」。もともとは「高」の歴史が古く後に「髙」が生まれました。例えば、ある地域の「高田さん」本家に当たる家が、分家した家を本家と区別するために「高」を使わせず、「髙」を使わせた（あるいはその逆）などといった

ケースが考えられます。

⑵の役所の人の書き癖ですが、古い時代の戸籍ではこういうことがよくあります。これは、役所の人がいい加減だったというわけではありません。そもそも中国から入ってきた漢字は、当時さほど重視されておらず、読みが合っていればそれでよかったのです。

この戸籍を見るに、戸主「渡邉荘吉」もその父「渡邉荘兵衛」も「渡邉」ですが、この「渡邉荘兵衛」は「アサ」の右では「亡　渡辺荘兵衛　妻」とあります。同じ戸籍内で同一人物の苗字が違う表記にされています。

特段明確な理由なく、「渡邉」と「渡辺」が混在しているようです。

ということは、⑵のケースで、この戸籍を書いた役所の人の書き癖と推測されます。

同じく「荘」の字も「荘」と書かれている箇所もあります。これも役所の人の書き癖と推測されます。

◆4代前の戸籍

次のページにあるのは、「渡辺宗貴」の4代前「渡邉荘兵衛」の戸籍です。

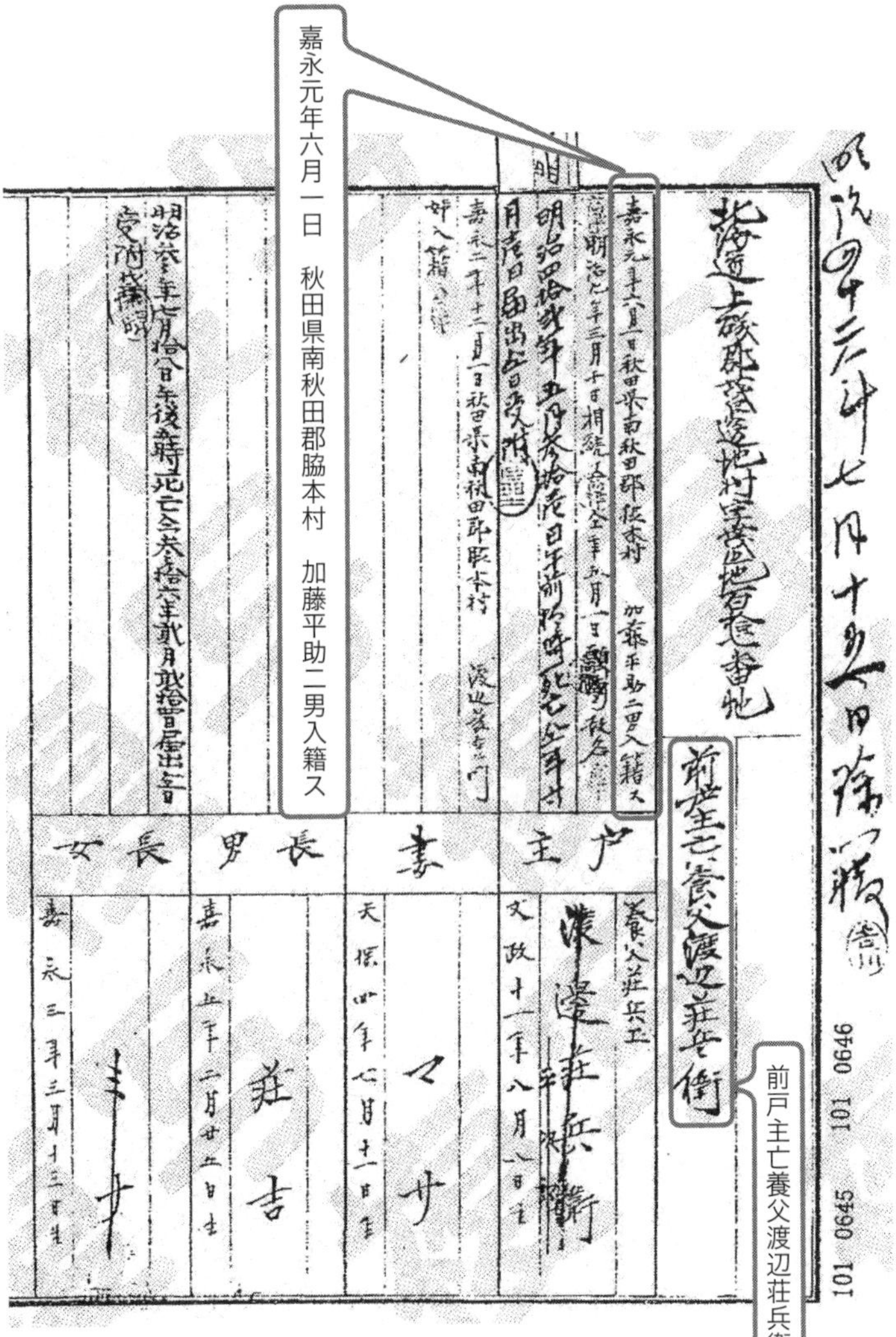

4代前の戸籍（明治19年式戸籍）

「荘兵衛」の養父として、「渡辺荘兵衛」の名があります。5代前までさかのぼれました。

荘兵衛↑荘兵衛↑荘太↑荘三郎↑荘一↑宗貴
この戸籍は「明治19年式戸籍」であり、これ以上古い戸籍はありませんでした。

これ以上古い戸籍がないかどうかの見極めは、「明治19年式戸籍」の形式を覚えるなど、少し経験とコツがいります。

ですので、**これ以上古い戸籍がないかどうかは、必ず役所に確認しましょう**（私の場合、この戸籍を発行した「北斗市役所」に確認しましたが、残念ながらありませんでした）。

また、戸主「渡邉荘兵衛」の上の欄に、次のようにあります。

「嘉永元年六月一日　秋田県南秋田郡脇本村　加藤平助二男入籍ス」

戸主「渡邉荘兵衛」は、脇本村の加藤家に生まれ、北海道の渡邉家に養子として入ったようです。

このような場合は、実家である加藤家の戸籍があるかどうかを確認してみましょう（加藤家の戸籍も、「秋田県男鹿市（戸籍にある「秋田県南秋田郡脇本村」の現在の地名）役所」に確認したところ、残念ながらありませんでした）。

コラム 名前から武士かどうかわかる!?

先祖が武士かどうかの見極めに大事なことは、二つ。「住んでいた地」と「名前」です。

先祖が住んだ地は、武士がいた城下町だったのか？ 農村か？ 漁村か？ その地の藩は？を調べます。

次に、名前です。江戸時代には、武士の名前、神主の名前、お坊さんの名前などがおおよそ分かれていました。現代では時代錯誤も甚だしい話ですが、当時は庶民が武士っぽい名前を付けることができませんでした。

経験から来る感覚で判断する部分もあるので、やや難しいですが、例えば、必殺仕事人の中村主水。主に水と書いて「もんど」と読ませるような名前。これは武士としか思えません。また、北島三郎の木こりの与作のような「よさく」という名前。これはちょっと武士っぽくありません。

ただし名前だけで、必ずしもわかるわけではありません。もう一段階深く話すと、武士は実名《じつめい》と通称《つうしょう》という二つの名前を持っていました。

実名は、諱《いみな》ともいい、殿様の前などフォーマルな場で使う名前。通称は、普段使う名前。実名はいかにも武士っぽい雰囲気の2文字の名前。通称は、庶民とさほど変わらない名前です。

例を出します。

・織田信長《おだのぶなが》の通称は三郎《さぶろう》、実名は信長
・坂本龍馬《さかもとりょうま》の通称は龍馬、実名は直柔《なおなり》

明治に入って戸籍ができたとき、武士は通称と実名のどちらかを選んで登録しました。

実名登録なら武士とわかりやすいですが、通称登録だと、名前だけでは確定しにくくなります。

戸籍を読み解く基礎知識

◆昔の字を読む

古い戸籍の文字は、ものすごい達筆だったり、字がつぶれていたり、個性的な字だったりで、読み取るのが大変です。

特に「変体がな」などの昔の字が使われていると、気合だけでは読み取れないです。変体がなの辞典が、図書館などにありますから調べてみましょう。また、インターネットを使えれば、変体がなを扱ったサイトがあり、調べるのに便利です。

漢字のくずし字は、『書道辞典』や『くずし字用例辞典』などで調べられます。

戸籍を発行してくれた役所に、電話で問い合わせてもよいでしょう。役所に問い合わせると、戸籍の発行番号（近年の戸籍では下部、古い戸籍では右に発行番号が書かれています）の確認をされることが多いです。問い合わせる場合は、手元に戸籍を用意しましょう。

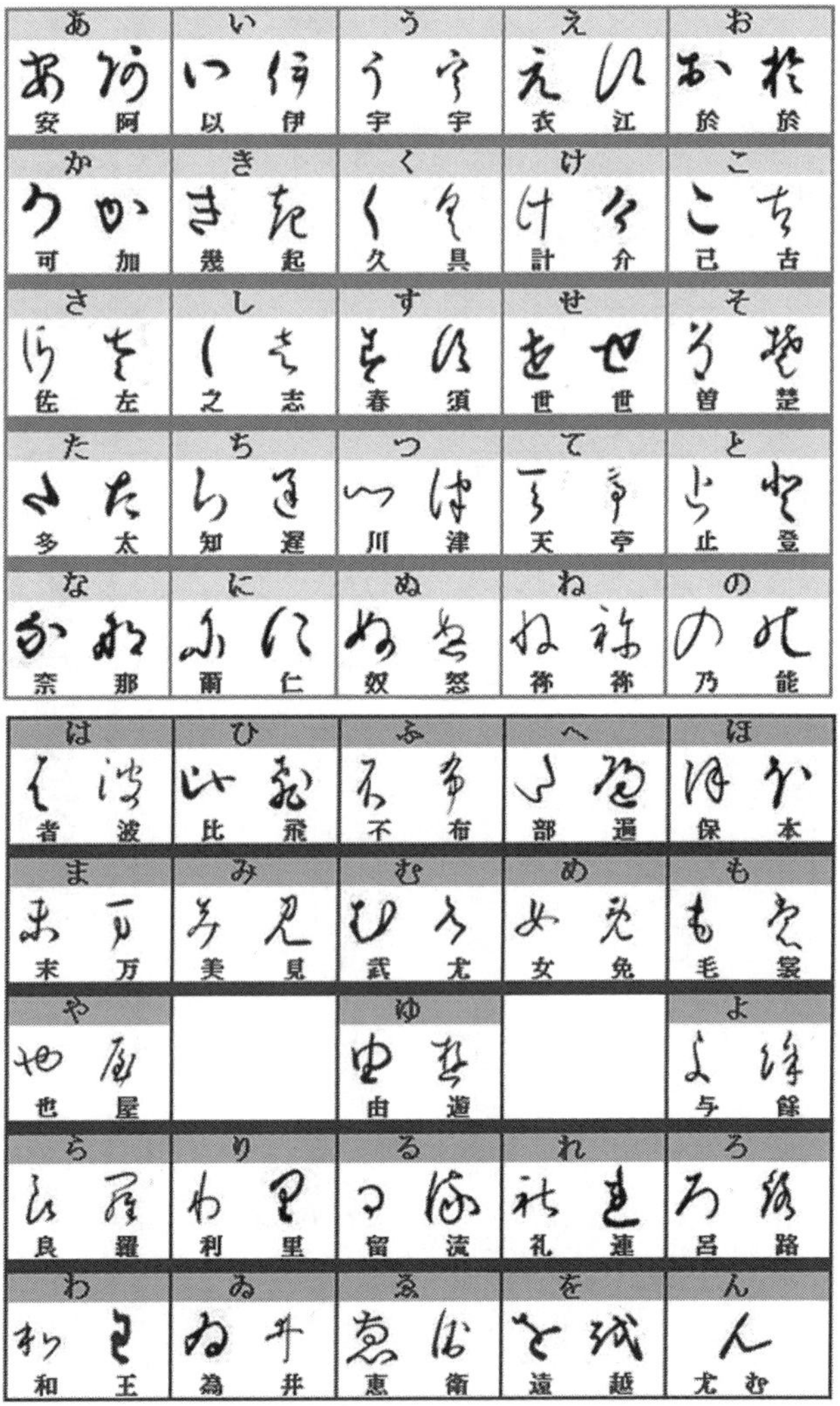

変体がなの一部

（出典：「変体仮名を調べる」http://www.book-seishindo.jp/kana/）

◆戸籍でよく出てくる記載

次は、戸籍・除籍謄本によく出てくる記載についてご説明します。古い戸籍を取得後、わからない言葉が出てきたときに見返してください。

・「本家」と「分家」

ある家（本家）から出て、新しく一家を創立することを「分家」といいます。

・「総本家」

1898（明治31）年施行の民法で使用が廃止された用語で、一族の根源となる本家のことです。

・「戸主」

家にはその家長としての身分を持つ「戸主」がいて、戸主は家族に対して一定の権限と義務を持ちました。戸主の権限は、1948（昭和23）年の現行民法によって消滅し、戸籍上は「筆頭者」となりました。

・「隠居」

「隠居」とは、戸主が自ら生前に戸主の地位を退き、戸主権を相続人に継承させ、その家族となることです。戸主が老衰や病弱などからその責任に耐えられなくなったとき、戸主は自らの意思で隠居することができました。

・「婿養子縁組」と「入夫婚姻」

「婿養子縁組」とは、婚姻と同時に夫が妻の親と養子縁組することです。

「婿養子縁組」に近いものに「入夫婚姻」があります。女子で戸主の地位にあるものを「女戸主」といいます。女戸主である妻の家に夫が入る婚姻の形態を「入夫婚姻」といいます。

整理すると、女性が戸主のときは「入夫婚姻」、戸主の跡継ぎ娘のときは「婿養子縁組」となります。

・「廃絶家再興」

新たな家の創立には、分家の他に「廃絶家再興」があります。

「廃家」とは、戸主が他家に入って家を消滅させることです。「絶家」とは、戸主を失い、家督相続が開始されたにもかかわらず、家督相続人がいないため、その家が消滅したことをいいます。

これらの家を再興することが、「廃絶家再興」です。

コラム　先祖が武士であった場合の調査方法

江戸時代（1603～1867）は、全国に300以上あった藩では、藩士の名簿を作っていました。

それを「分《ぶん（ぶ）》限帳《げんちょう》」といいます。

「武鑑《ぶかん》」「士族明細帳」「禄高帳《ろくだかちょう》」などもありますが、内容はほぼ同じで、藩士の氏名・役職・禄高（年俸）などが記載されています。

なかには、居住地や作製時期の藩士の年齢・家紋などが記されているものもありました。現在の住宅地図のような、城下町の屋敷地図が残されていることもあります。

このような史料の多くは、地元の図書館や公文書館・博物館などに現在でも保管されていることが多く、丹念《たんねん》に調べることによって、その家の先祖がどのような身分の武士であったかが、より具体的に判明すると思われます。

また、武士である先祖は、仕えていた藩に、家系図や親類書（武士が、家族・親類の氏名や仕官先、本人との続柄などを書いた文書）を提出している可能性があります。

それらの多くは、筆字で書かれた古文書ではありますが、先祖が書いた家系図類を発見し、活字化することによって、江戸時代初期か、あるいはそれ以前の先祖のことまでが詳細にわかる可能性があります。

いずれにしても、先祖がかつて仕えていた藩の史料は、当家の家系を調べるうえで、貴重な情報源となります。

コラム 明治5年の人口統計（身分別・職業別）

江戸時代は正確な人口統計が調査されていませんが、明治維新直後の1872（明治5）年の身分別人口によれば、農民・職人・商人・町人などの平民（庶民）が約3083万人、旧幕臣や藩士などの士族（武士、卒族といわれた足軽などの下級武士を含む）が約194万人、皇族・神主・僧侶が2666人いました（※諸説あり）。

これを比率にすると、平民が93%で、士族（武士）が約6%、その他の皇族・神主・僧侶が約1%です。

また、1873（明治6）年の職業別統計では、人口のおよそ79%が農業、6.6%が商業、3.5%が職人とあり、その他は雑業と分類されました。

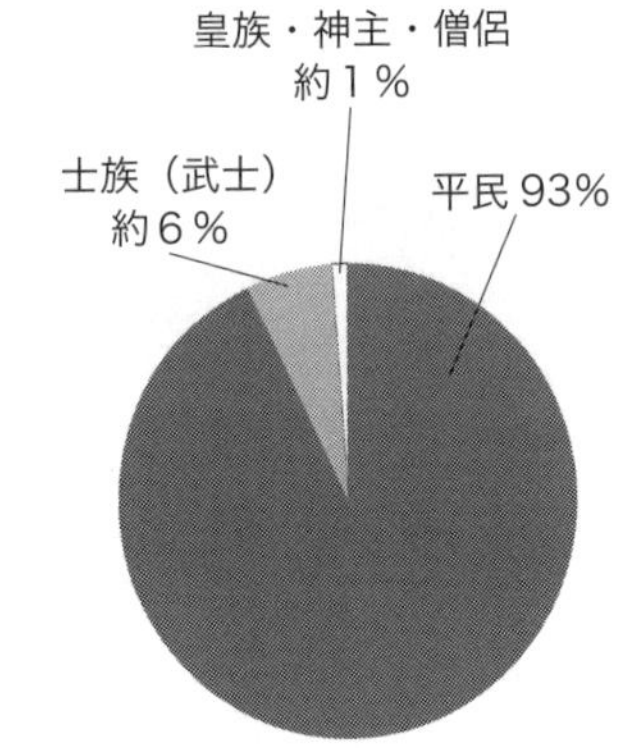

明治5年の身分

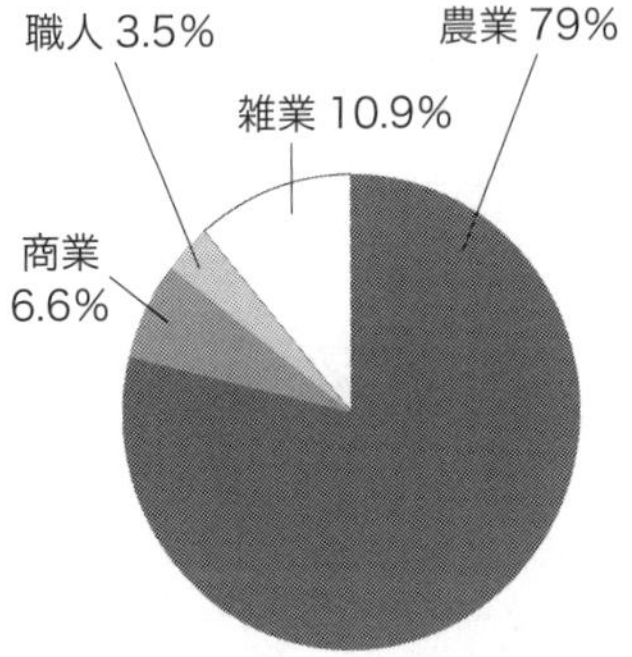

明治5年の職業

コラム　家系図作成業者について

インターネットで検索すると、全国に20～30件以上の「家系図作成業者」が見つかると思います。

家系図作成業者には、家系図に関する専門知識（苗字・家紋・歴史等）がある業者とない業者がいます。

大半が、専門知識がない業者です。

なぜかというと、家系図作成業務を行う業者のほとんどが「行政書士」だからです。

なぜ行政書士がほとんどかというと、戸籍を取って家系図を作る仕事は、近年まで行政書士の独占業務だったからです。

行政書士試験の内容は、公務員試験に近く、法律に基づいて各種文書を作成する能力を図るためのものです。

広く浅く民法や一般常識を問うのが試験内容で、家系図の専門知識とは無縁です。

ですので、現在の家系図作成業者は行政書士がほとんどであると同時に、家系図に関する専門知識がない業者が大半なのです。

頼むのであれば、専門知識がある業者がもちろんよいですが、「とにかく安く戸籍調査だけ頼みたい」などという場合は、専門知識がなくとも、戸籍調査だけはきっちりやってくれる安い業者を探す手もあります。

家系図作成業者を利用するときは、いくつか問い合わせて、目的に応じて上手に利用するといいでしょう。

講座再開。

40代さかのぼると、多くは「源平藤橘《げんぺいとうきつ》」にたどり着く……どうやって調べるんだろう。

筧《かけい》先生は、説明する。

「中世・古代は、その時代に生きた人の家系が『新撰姓氏録《しんせんしょうじろく》』や『尊卑分脈《そんぴぶんみゃく》』といった文献にまとめられています。

我々のご先祖様は、さかのぼっていくといずれ、この記録のいずれかの家系につながるといわれています」

「誰でもそんなにさかのぼれば、天皇とかにつながる[12]んですか?」

という質問が飛ぶ。

「いいえ。もちろん必ずというわけでは、ございません」

予想していたように筧先生。きっと予想していたんだろう。

[12] 詳しくは、98ページのコラム「意外に多い、名家の子孫」を参照。

「まずは、苗字《みょうじ》について少し知識を深めましょう。現在、日本には少なく数えても10万、多ければ30万の苗字があります。

では、この苗字はどのように生まれたのでしょうか?」

筧先生がホワイトボードに板書を始める。

古代(600〜1200年前後)に、今の苗字に当たる「氏《うじ》」が生まれた。

↓

数ある「氏」の中で、「源平藤橘」の四つが有力だった。

↓

人口が増え、「氏」だけでは足りなくなる。

↓

平安時代(1185〜1192年)末期に、支配地や居住地(地名)を名乗る「苗字」(正確には名字)が登場。

「苗字の研究は奥が深いので、専門的にすぎないようご説明します」

参加者名簿と教室を交互に見ながら、

「ええと……葛西《かさい》さん」

⁉　はい？

「はい」

「ちょっと例にさせていただいていいでしょうか？」

「はい……ええ、いいです。お願いします」

「では、『葛西』という苗字です。『姓氏家系大辞典』（角川書店）という苗字辞典によると、この苗字は、下総国《しもうさ》葛西郡葛西御厨《かさいのみくりや》という地名から発祥しています」


「葛西」なんていう地名があるんだ……全然知らなかった。下総国葛西郡葛西御厨ってどこなんだろう？

「葛西御厨は、現在の東京都葛飾区付近です。葛飾の西にあるので、『葛西』といいます。『葛西』という苗字は、この地に桓武《かんむ》天皇（737～806）の子孫である清重《きよしげ》が住み着き、葛西三郎《さぶろう》と名乗ったことに始まります」

専門的な話になってきたが、聞きなれない言葉に戸惑わせないように、ゆっくりだが流れるような説明。なんとかついていける。

桓武天皇は、日本の第50代天皇。首都を平安京（京都）に移した。その子孫は、平安京の「平」にちなんで「平氏」という氏を名乗った。その子孫の中の1人、平安時代（794〜1185）の末期から鎌倉時代（1185〜1333）の前期にかけて活躍した武将である清重が「葛西」という苗字を名乗り始めた、ということね。

「我々の家系をさかのぼるには、現在から1代ずつさかのぼらなければなりません。

ですが、中世・古代といった古い時代に入ると、すでに文献にまとめられているどの家系につながるかを探す作業になります」

1000年以上前の桓武天皇から始まる葛西姓の家系の流れは、おおよそ600年前（1400年代）までの記録が、中世・古代の系図文献にまとめられているという。

美々《みみ》の先祖が、どういう経緯をたどって、葛西三郎なり桓武天皇なりにつながるのかわからないが、超面白いなと思った。

「ただ、家系調査には限界点もあります。先ほど飛ばした戦国時代は、非常に記録が少ないからです」

話を飛ばしていた、戦国時代の調査についていよいよ説明するようだ。

「過去帳」や「武士の系図」で、江戸時代初期の400年前までさかのぼれたとする。また、中世・古代の家系の流れが、1000年以上前から600年前まで下ってこられたとする。

「ちょうどこの間、400年前から600年前までの期間が、戦国時代に当たります」

戦国時代は資料が少なく、この間の空白を先祖が1代の漏《も》れもなく完全に埋められる家は少ないという。

また、戦国時代は、人の移動が自由だった時代でもあった。好きな地に住み、好きな殿様に仕えた時代なのだ。

「人の移動が自由だった時代のどの家系に自分の家がつながるのか、特定するのは困難です。ここが、家系調査の一つの限界点です。

しかし、間に何代か、数十年か数百年かの空白ができるかもしれませんが、1000年前からの大きな家系の流れは、把握できる可能性が結構あります」

この空白の期間を埋めるには、さかのぼっていった家系と、下ってきた家系がつながっているという根拠を探すという。

「家紋《かもん》で一致させるか、地域で推測するか、その他文献・文書で根拠を探します」

ほほう！　という感心と、本当に1000年前とつながるんだろうか？(13)

という疑問が浮かぶ。

実際に質問も飛ぶ。

「はい。江戸時代以前は、現在の戸籍のような公的な資料は残っていません。ですので、戸籍以前の家系調査というのは、誰もその内容を保証してくれません。

また、言い換えれば、血のつながりを証明した家系図というよりも、精神

(13) 詳しくは、98ページのコラム「意外に多い、名家の子孫」を参照。

的な家系図という意味合いともいえます」

そうなんだ。

「しかし、公的資料ではありませんが、『過去帳』や『武士の系図』は、おおよそ信頼できる資料といっていいでしょう。また、中世・古代の系図の記録も、完全ではありませんが、おおよそ正しいといわれています」

いずれにせよ、まずは戸籍で江戸末期までさかのぼることと、自分の苗字の発祥を知ることが必要だという。

「苗字を知るために、まず見るべきは、『姓氏家系大辞典』です。

この本は、大きな図書館であれば、たいていは所蔵されています。この区民センター併設の図書館にもあります。お帰りの際に、ご自分の苗字の項目をコピーしていってはいかがでしょう」

美々の他に幾人かの苗字を例に話し、第1回、90分の講座はあっという間に終わった。

「まずは、戸籍を取ってみましょう。次回は、1カ月後です」

次回も来る受講者たちは、それまでに一番古い戸籍まで取得しておき、次の段階に進むそうだ。

また、何か家系についての聞き伝えがないか、家族や親族にできる限り聞いておくといい、とのこと。

宿題（家族・親族への質問事項）

Q1　家紋を知っているか？

Q2　ご先祖様が江戸時代に住んでいた場所を知っているか？

Q3　ご先祖様が住んでいた地の同姓の人と、お付き合いはあるか？

Q4　ご先祖様のお墓やお寺を知っているか？

Q5　ご自宅の仏壇《ぶつだん》などに、「過去帳」はあるか？

Q6　聞き伝えはあるか？（武士・農家等、あるいは源平藤橘など、ルーツに関するもの）

ちなみに、「筧探《かけいさぐる》」というのは、本名ではなくペンネーム。本名は、篁公《たかむらこう》太郎《たろう》。50歳。年齢不詳な感じではあったけど、予想以上に年齢が高かった。

……………………………………

素直な美々は、言われた通り、『姓氏家系大辞典』を見に、図書館に寄ってみた。

普段は目にも入らない歴史関連コーナーには、同じように考えたであろう受講者たちが、幾人か見える。

郵送での戸籍の請求の準備をしながら、少し時間をつぶし、誰もいなくなったところで『姓氏家系大辞典』を見る。

漢文調？　というのかよくわからないが、昔の書き方っぽく読みづらい。

とにかく、言われた通り、「葛西」の項目のコピーを取ろう。

「やあ。葛西君。さっそく、調査をしているんだね」

コピーに集中していた美々は、ビクッと小動物のように振り向いた。

「なかなか意味がわかりづらいだろう。６分30秒ほど待っていてくれるか」

筧先生は、ガラス張りの閲覧室に入り、何かを猛烈にメモして、６分25秒で戻ってきた。

「『姓氏家系大辞典』の「葛西」の項目の解説だよ。じゃあ、気をつけて」

筧先生は、風のように来て、風のように去っていった。美々の手元に、メモだけを残して。

筧先生のメモは、急いで書いたはずなのに、読みやすい字が並ぶ。


……。


美々のために、『姓氏家系大辞典』の読み方のコツを書いてくれたようだ。

美々は、『次回も、講座に来てみようかな』と、思った。

筧先生のメモ（『姓氏家系大辞典』（太田亮著、角川書店）の「葛西」の項目の読み方）

葛西　カサイ　カツサイ　下總國葛飾郡葛西庄より起る。葛西は葛飾西部の意なり、中世葛西郡の私稱あり。後伊勢神宮領となり、葛西御厨と云ふ。檜垣文書永萬元年寮頭占部宿禰安光解、申請紛失日記事に「皇太神宮御領下總國葛西御厨云々、合參拾參鄕、上葛西、下葛西、右當御厨は、本願主葛西三郎散位平朝臣清重、先祖以來、本田數の員數に任せ、永く伊勢太神宮に寄せ奉らしむる所、嚴重一圓の神領也、」と。

1　桓武平氏豐島氏流　葛西氏は三郎清重より出づ。清重は豐島權守清光の子と傳へらる。果して然らば、清重は葛飾地方に古くより存せし名族の遺跡を繼承せしものか。之に對して、葛西系圖は「平良文

葛西氏

まずは、冒頭に「葛西」という苗字が発祥した下総国葛西郡葛西庄について述べています。

御厨とは、古代の神社領のことです。難しい言葉は、インターネットや辞書で調べるといいでしょう。

1では、桓武天皇から始まる葛西氏について説明しています。桓武天皇の子孫が「平氏」と名乗り、豊島《としま》氏を経て葛西になっています。『姓氏家系大辞典』の「豊島」の項目も見てみましょう。

※『姓氏家系大辞典』は、旧かなづかいのため、「としま」ではなく、「てしま」で項目が立っているので、気をつけるように。

> （村岡五郎）の孫、忠頼（村岡次郎）の子中村太郎將恒、治安中、武藏介藤原眞枝を討ち、功を以つて、下總の葛西郡を賜ふ、」と云ひ、また笠井系圖には「高望王―將恒（中村太郎）―武常（葛西元祖、軍功の賞により、總州葛西庄を賜ふ。故に此を以つて氏と爲す）―常家―康家―清光―清重（三郎、武州河越人也）―時清（小三郎、新左衛門尉）―朝清（六郎左衛門尉、又伊勢守）」など載せて、共に清重數世以前より葛西の地を領せし事とし、猶ほ前引の如き御厨に關する文書も、大體然れど、しかも其の眞相は得て詳かになし難し。

葛西氏は、葛西三郎清重から出たと記してあります。

清重は、豊島権守清光《ごんのかみきよみつ》の子どもです。権守とは役職です。調べるといいでしょう。

清重の出自について、「葛西系図」「笠井系図」という資料を用いて論究しています。

この記述により、葛西清重の系統が高望王《たかもちおう》の子孫ということがわかります。高望王とは、桓武天皇の孫（もしくは曾孫）です。調べてみましょう。

コラム　意外に多い、名家の子孫

歴史人口学から見て、現代人のルーツをさかのぼると、大半が古代・中世の名族に結びつくといわれています。

特に多くの苗字を生み出した古代名族は、「日本人の四大姓」といわれました。「源氏」「平氏」「藤原氏」「橘氏」の4つの姓です。

この四姓からは、実に数多くの苗字が生まれました。

家系を1代さかのぼると2人の親があり、2代で4人、3代で8人と倍々に増えていき、10代では1024人、20代では100万人を超えます。

20代前はおおよそ1500年ごろになり、当時の日本の人口は約600万人といわれていました（※諸説あり）から、計算上は1500年ごろに生きていた人のうち、6人に1人が我々の先祖ということになるのです。

また逆に、古代から現代に向かって歴史を下ってみると、経済力や武力を持っていた名家ほど子孫を残しやすく、そうではない家は長い歴史の間に子孫が絶え、滅び去り、淘汰《とうた》されてしまったことがわかります。

すなわち、中世に生きていた人々の多くは古代・中世名族の子孫であり、そのうち6人に1人を祖先に持つ我々も名族の子孫である可能性がきわめて高い、ということになります。

第二講

◆

戸籍以上のことを知るには…
──土地と苗字の基礎資料集め

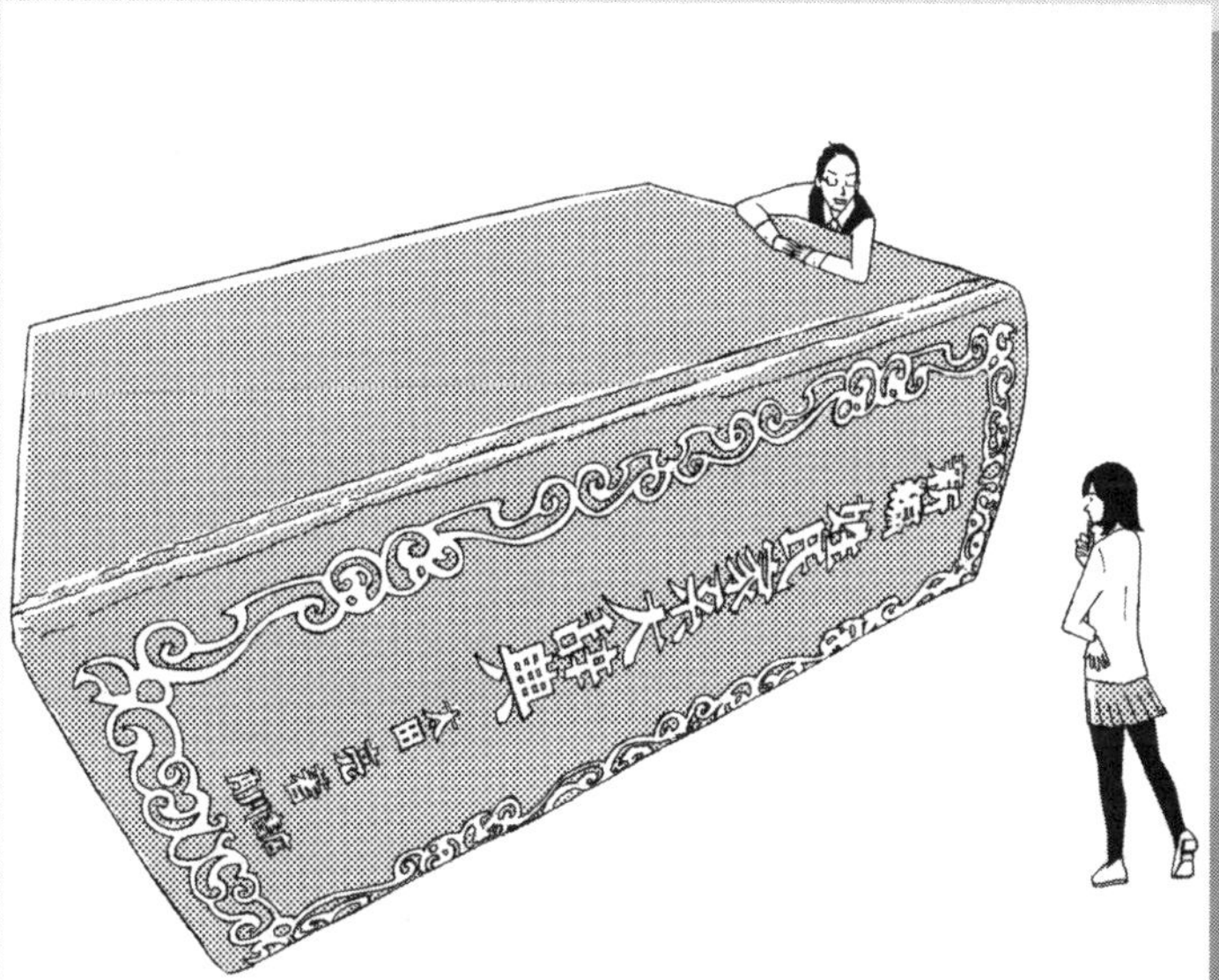

できるだけ古い戸籍を取得してくること――

これが、前回の講座の宿題であった。

江戸時代の先祖の戸籍を前に、美々《みみ》は少し感動していた。

天保《てんぽう》・弘化《こうか》・安政《あんせい》……聞きなれない年号。

江戸時代の先祖だ。戸主は「葛西〇之介」……なんて読むのだろう？　その隣は「ふゆ」？「〇八郎」？「ふみ」？


前回の講座後、清岡区役所の職員さんのアドバイスと、筧《かけい》先生のレジュメを頼りに、釧《くし》路《ろ》市役所に戸籍を請求した。

すると、「2代前　葛西啓治《けいじ》」……こないだ死んだおじいちゃんが阿寒《あかん》（現在の釧路市阿寒）で生まれていることがわかった。

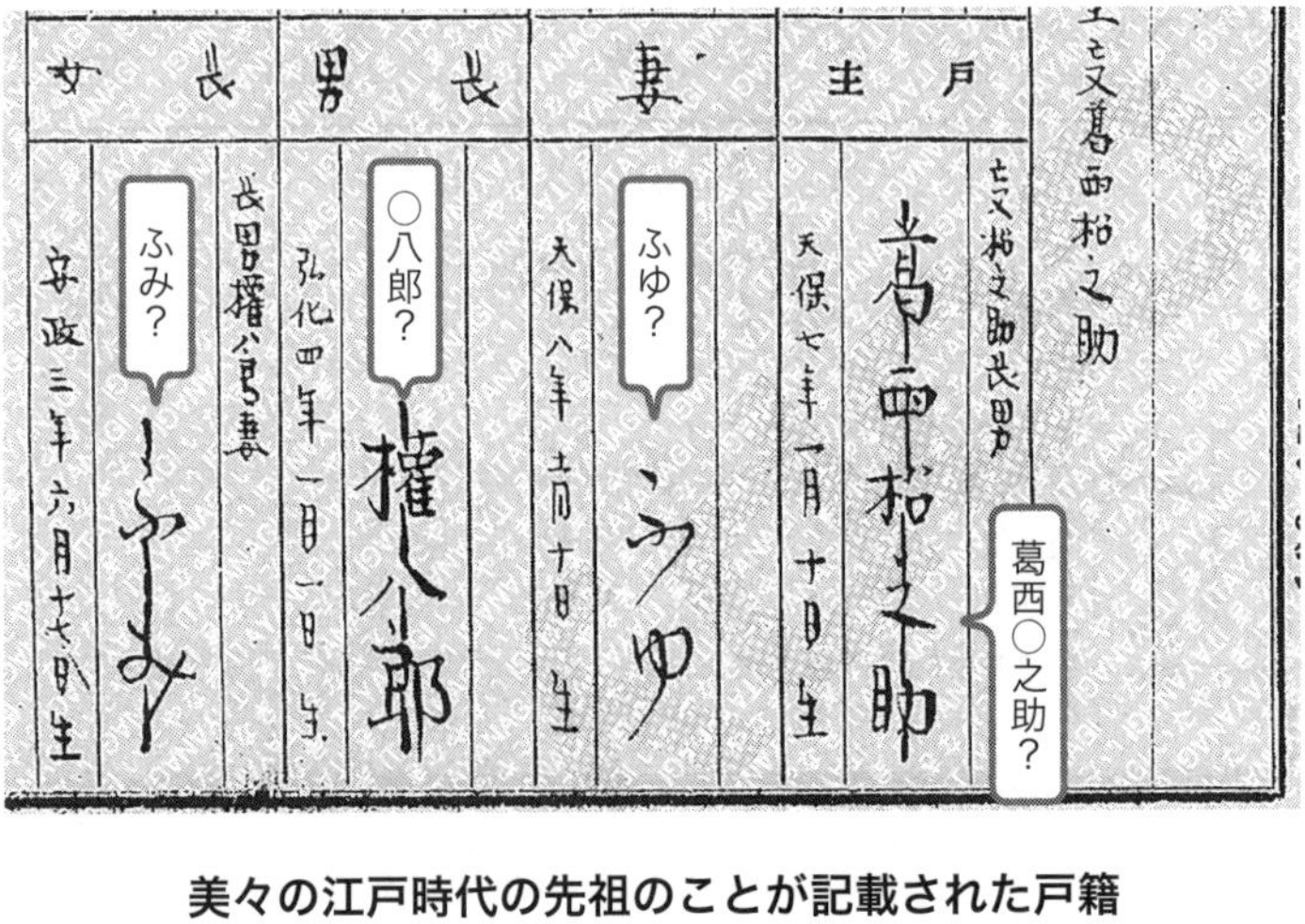

美々の江戸時代の先祖のことが記載された戸籍

本籍 氏名	北海道釧路市白樺台○○番地 **葛西啓治**
戸籍事項 転　籍	【転籍日】昭和○○年○月○日 【従前本籍】北海道釧路市堀川町○○番地
戸籍に記載されているもの 除　籍	【名】　**啓治** 【生年月日】昭和７年６月10日　【配偶者区分】夫 【父】葛西丑蔵 【母】葛西サツエ 【続柄】二男
身分事項 出　生	【出生日】昭和７年６月10日 【出生地】北海道阿寒郡阿寒村 【届出日】昭和７年６月15日 【届出人】父
婚　姻	【婚姻日】昭和33年６月５日 【配偶者氏名】渡辺巴 【従前戸籍】北海道釧路市堀川町○○番地　葛西丑蔵
死　亡	【婚姻日】平成30年８月１日 【死亡時分】午後11時52分 【死亡地】北海道札幌市 【届出日】平成30年８月２日 【届出人】親族　葛西啓介 【送付を受けた日】平成30年８月13日 【受理者】北海道釧路市長
戸籍に記録されているもの	【名】　**巴** 【生年月日】昭和８年６月22日　【配偶者区分】妻

【出生地】北海道阿寒郡阿寒村

２代前の祖父・啓治の戸籍

釧路市役所に戸籍を請求すると、阿寒（当時の阿寒郡阿寒村）で生まれ、その後いくつか転籍し、結婚・出産を経て釧路市へ。そしてついこないだ86歳で死亡、という祖父・啓治の戸籍上の軌跡がすべてわかった。

そもそも父・啓介《けいすけ》から頼まれたのが、相続手続きのために、祖父・啓治が生まれてから死ぬまでの戸籍を取得することなので、ここで任務は終了。

だが、さらに古い戸籍を追ってみた。

「2代前　葛西啓治」の前は、「3代前　葛西丑蔵」。美々の、ひいおじいちゃんだ。読み方がわからないので父に聞くと、「うしぞう」だと教えてくれた。

丑蔵の戸籍には、丑蔵の子どもとして、祖父・啓治とその兄弟姉妹が載っていた。系図に書き起こす。

さらにたどると、「4代前　葛西綱次郎《つなじろう》」が「3代前　葛西丑蔵」を連れて、大正7年に青森県南津軽郡飯柳《いいやなぎ》村というところから、北海道阿寒村字雄《あざなゆう》

葛西家系図

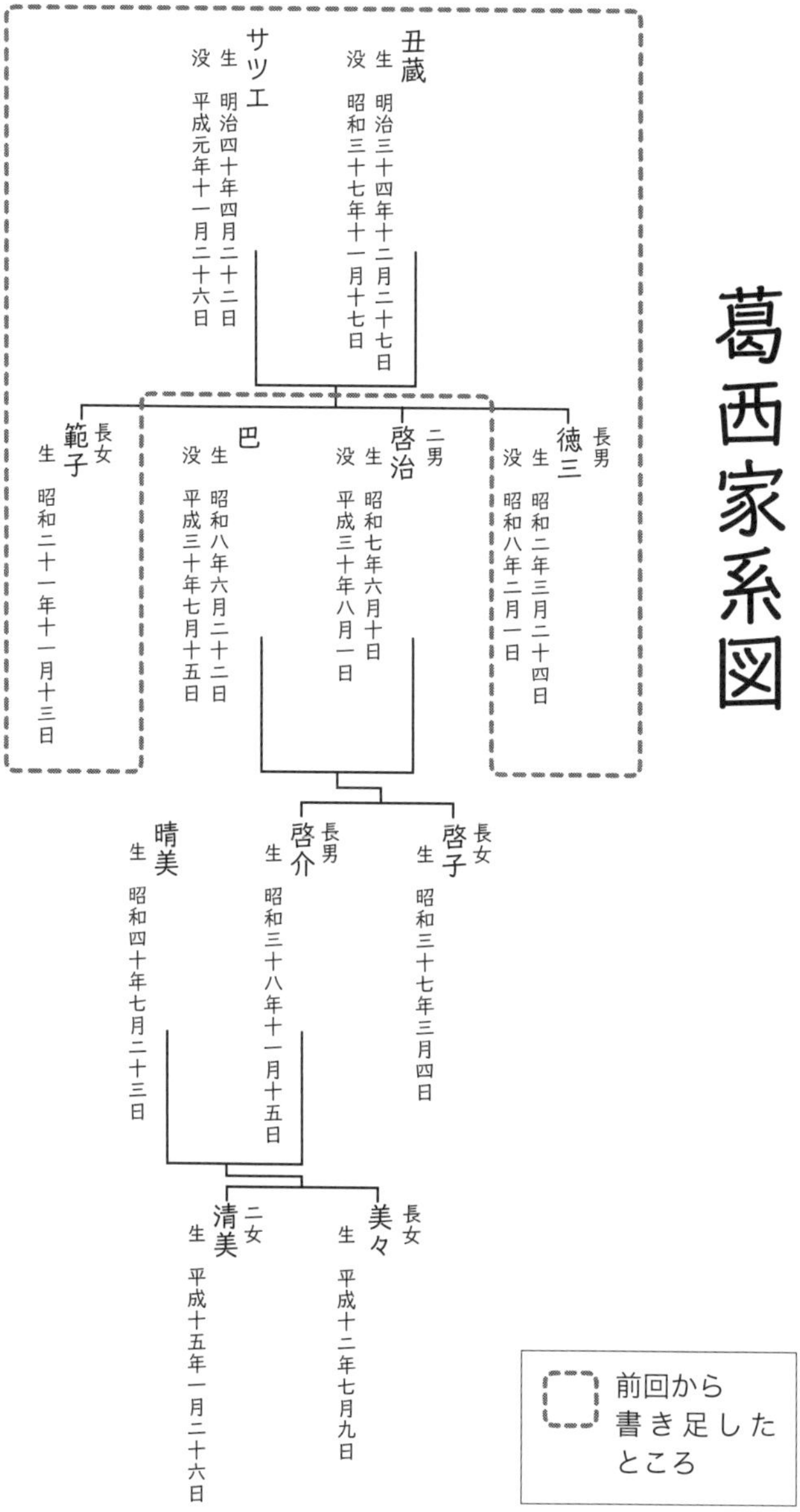
丑蔵
生　明治三十四年十二月二十七日
没　昭和三十七年十一月十七日
サツエ
生　明治四十年四月二十二日
没　平成元年十一月二十六日
長男　徳三
生　昭和二年三月二十四日
没　昭和八年二月一日
二男　啓治
生　昭和七年六月十日
没　平成三十年八月一日
巴
生　昭和八年六月二十二日
没　平成三十年七月十五日
長女　範子
生　昭和二十一年十一月十三日
長女　啓子
生　昭和三十七年三月四日
長男　啓介
生　昭和三十八年十一月十五日
晴美
生　昭和四十年七月二十三日
長女　美々
生　平成十二年七月九日
二女　清美
生　平成十五年一月二十六日
前回から書き足したところ

別《べつ》に転籍してきたことがわかった。

大正7年は1918年。私の家は100年前に、青森から北海道に来たのか……。

父に聞いてみると、「先祖が東北とは聞いてたけど、詳しくは知らない」とのこと。家系に関する聞き伝えも聞いてみたが、「家紋《かもん》も何も全くわからない」とのこと。ただ、「家老《かろう》だとかなんとか言ってた気がする」とのこと。だが、「家老」というのは殿様に次ぐナンバー2らしく、「うちがそんなに偉いわけないから、どうせ嘘《うそ》だと思うけどな」と笑っていた。そもそも「自分の家系に興味がない」とのこと。

まぁ、それはわかってたんだけどさ……なんとなく。とうちゃんは、じいちゃんをあまり好きじゃなかったんだもんな……。

綱次郎や丑蔵の兄弟姉妹を系図に書き足した。

葛西家系図

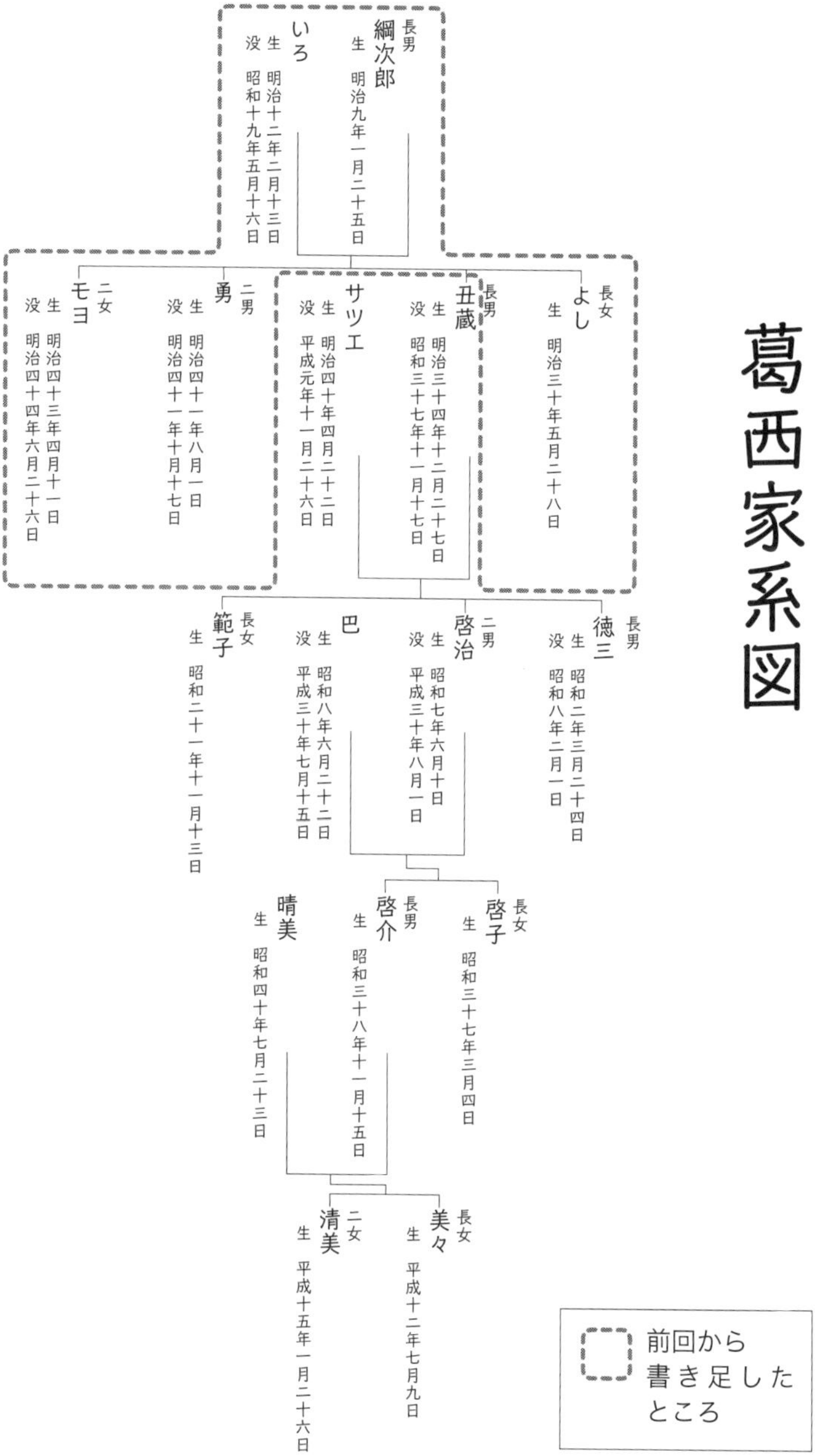
長男 綱次郎 生 明治九年一月二十五日
いろ 生 明治十二年二月十三日 没 昭和十九年五月十六日
長女 よし 生 明治三十年五月二十八日
長男 丑蔵 生 明治三十四年十二月二十七日 没 昭和三十七年十一月十七日
サツエ 生 明治四十年四月二十二日 没 平成元年十一月二十六日
二男 勇 生 明治四十一年八月一日 没 明治四十一年十月十七日
二女 モヨ 生 明治四十三年四月十一日 没 明治四十四年六月二十六日
長男 徳三 生 昭和二年三月二十四日 没 昭和八年二月一日
二男 啓治 生 昭和七年六月十日 没 平成三十年八月一日
巴 生 昭和八年六月二十二日 没 平成三十年七月十五日
長女 範子 生 昭和二十一年十一月十三日
長女 啓子 生 昭和三十七年三月四日
長男 啓介 生 昭和三十八年十一月十五日
晴美 生 昭和四十年七月二十三日
長女 美々 生 平成十二年七月九日
二女 清美 生 平成十五年一月二十六日
前回から書き足したところ

父の関心は得られなくとも、釧路市の役所に請求した要領で、青森県の板田町役場にさらに古い戸籍を請求してみた。

「4代前　葛西綱次郎」の父は「5代前　葛西○八郎」。○はなんていう字だろう？

ここまでは自力で系図に書き起こしてきたが、筆書きで読み取れない字も出てくるし、親子だけでなく、そのとき一緒に住んでいたであろう家族がすべて記載されていて、何がなんだかわからなくなってきた。

「5代前　葛西○八郎」の父が「6代前　葛西○之助」。「6代前　葛西○之助」の前も同じ名前に見えるので、7代前も「○之助」なのかな。

この戸籍を発行してくれた青森県の板田町役場によると、これ以上古い戸籍はないという。戸籍ではここが限界点のようだ。

戸籍でわかる一番古い人名が、「7代前　葛西○之助」。「6代前　葛西○之助」が生まれた天保7（1836）年は、180年ほど前。

ということは、「7代前　葛西○之助」は200年ほど前の先祖だ！

「7代前とはすごいねぇ」

第2回家系図講座の開始前、美々はちやほやされていた。小さいころから生真面目で素直な美々は、男女問わず大人にかわいがられる。

美々には読めなかった「葛西○八郎」と「葛西○之助」は、『くずし字用例辞典』を持ってきていた年配の受講者から教えてもらえた。

それぞれ「権」「松」の旧字らしい。


直系先祖を抜き書きしてみた。

本籍地　青森県南津軽郡飯柳村五十五番戸
7代前　葛西松之助　生年不明（200年ほど前？）
6代前　葛西松之助　天保7年　生まれ
5代前　葛西権八郎　弘化4年　生まれ

4代前　葛西綱次郎　明治9年　生まれ
3代前　葛西丑蔵　明治34年　生まれ
2代前　葛西啓治　昭和7年　生まれ
1代前　葛西啓介　昭和38年　生まれ
本人　葛西美々　平成12年　生まれ

今回も30人近く来ているが、美々のように一番古い戸籍まで取得してきたのは数名のようだ。戸籍の請求は決して難しくはないが、結構、手間暇がかかる。途中で挫折《ざせつ》した人もいれば、まだ時間がかかっている人もいる。

取得組で古い戸籍を見せ合う。微妙に引っ込み思案の美々は、同年代の人の輪に入るには時間がかかるが、ご年配の輪には自然に溶け込める。

一番古い戸籍まで取ってきた人は、3～5代さかのぼれているようだ。美々の7代が最高記録だが、それはそうかもしれない。彼らの大半から見ると、美々は2代下の孫のようなもの。さかのぼる代数で競うなら、最初から有利なのだ。

⁉　……美々はふと思った。
今回戸籍で判明した先祖は、7代前。だけど、いつかもし私に子どもができたら、その子から見たら8代前なのか。今回取った戸籍は、大事に保管しておこう。

筧《かけい》先生が颯爽《さっそう》と入ってきた。みんな席に着く。

「一番古い戸籍まで取ってきてくれた人が、何人かいるようですね」

はつらつと話す。

筧先生は、家系が大好きのようだ。まずは、戸籍を取ってきた人たちに、戸籍を系図に書き起こす作業を個別にアドバイスしてくれる。

筧先生のアドバイスをもとに、なんとか系図に書き起こせた。

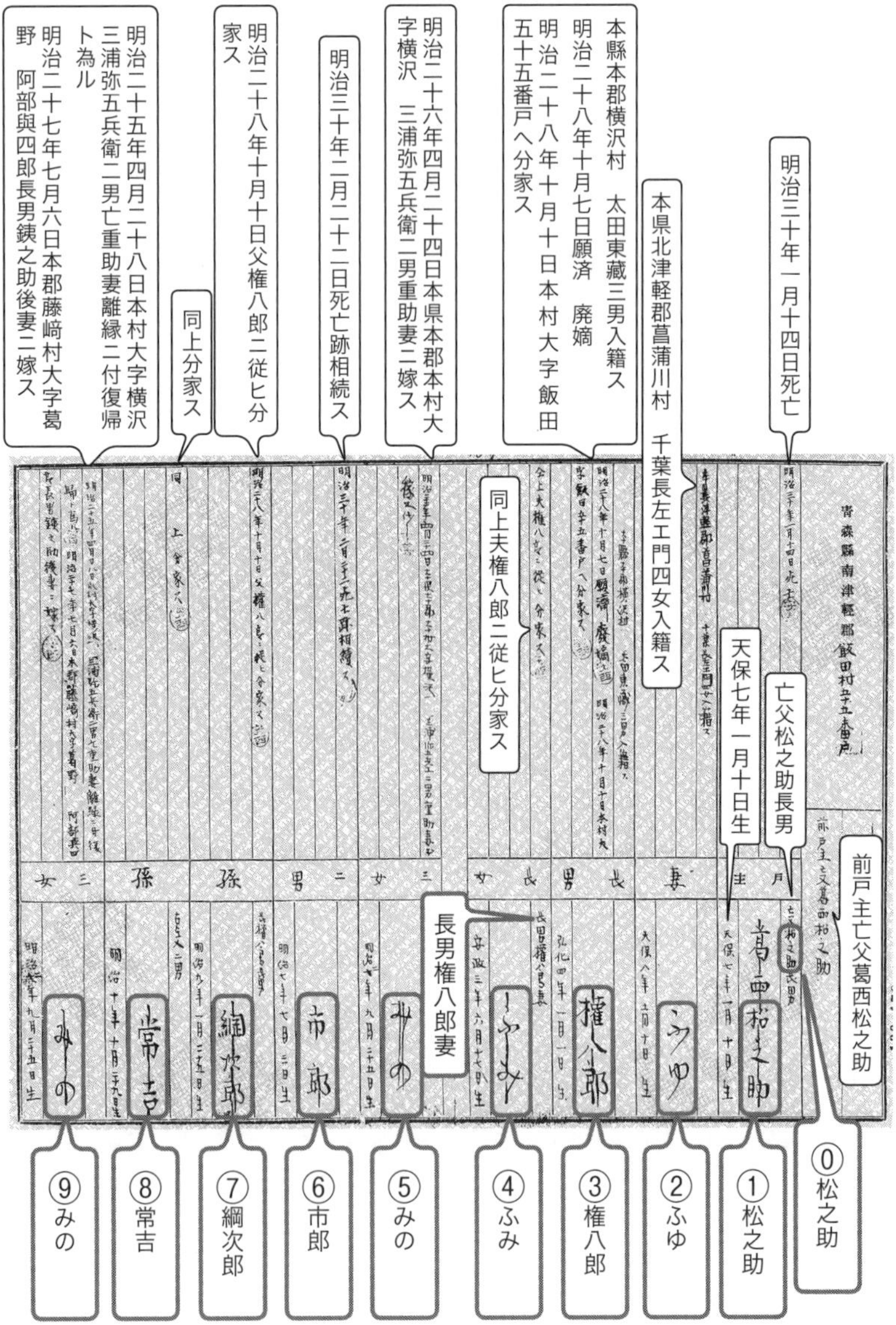
明治三十年一月十四日死亡
亡父松之助長男
天保七年一月十日生
前戸主亡父葛西松之助
本県北津軽郡菖蒲川村　千葉長左エ門四女入籍ス
本縣本郡横沢村　太田東藏三男入籍ス
明治二十八年十月七日願済　廃嫡
明治二十八年十月十日本村大字飯田五十五番戸へ分家ス
同上夫権八郎ニ従ヒ分家ス
長男権八郎妻
明治二十六年四月二十四日本県本郡本村大字横沢　三浦弥五兵衛二男重助妻ニ嫁ス
明治三十年二月二十二日死亡跡相続ス
明治二十八年十月十日父権八郎ニ従ヒ分家ス
同上分家ス
明治二十五年四月二十八日本村大字横沢三浦弥五兵衛二男亡重助妻離縁ニ付復帰ト為ル
明治二十七年七月六日本郡藤崎村大字葛野　阿部與四郎長男銕之助後妻ニ嫁ス
⓪松之助
①松之助
②ふゆ
③権八郎
④ふみ
⑤みの
⑥市郎
⑦綱次郎
⑧常吉
⑨みの

葛西家系図

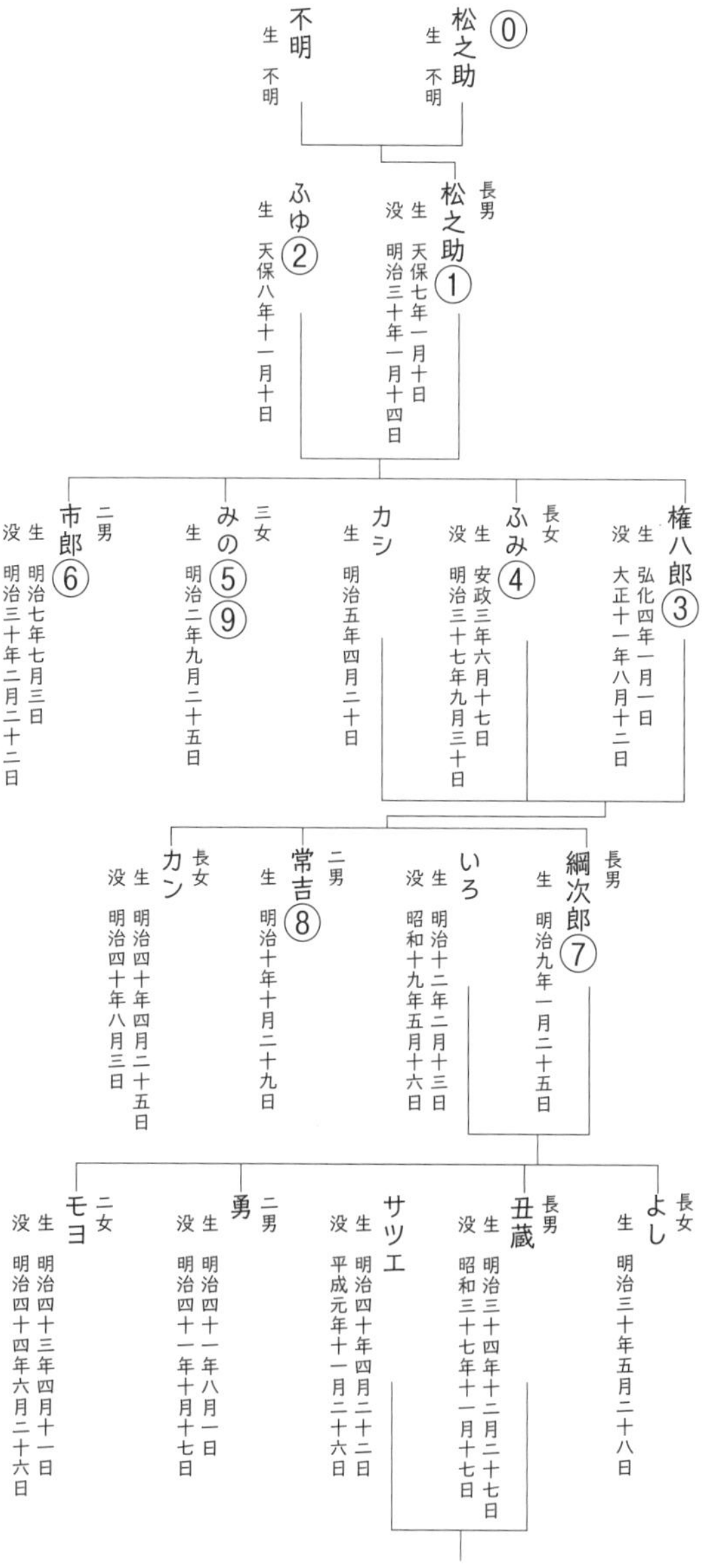
⓪松之助 生 不明
不明 生 不明
長男 松之助① 生 天保七年一月十日 没 明治三十年一月十四日
ふゆ② 生 天保八年十一月十日
権八郎③ 生 弘化四年一月一日 没 大正十一年八月十二日
長女 ふみ④ 生 安政三年六月十七日 没 明治三十七年九月三十日
カシ 生 明治五年四月二十日
三女 みの⑤⑨ 生 明治二年九月二十五日
二男 市郎⑥ 生 明治七年七月三日 没 明治三十年二月二十二日
長男 綱次郎⑦ 生 明治九年一月二十五日
いろ 生 明治十二年二月十三日 没 昭和十九年五月十六日
二男 常吉⑧ 生 明治十年十月二十九日
長女 カン 生 明治四十年四月二十五日 没 明治四十年八月三日
長女 よし 生 明治三十年五月二十八日
長男 丑蔵 生 明治三十四年十二月二十七日 没 昭和三十七年十一月十七日
サツエ 生 明治四十年四月二十二日 没 平成元年十一月二十六日
二男 勇 生 明治四十一年八月一日 没 明治四十一年十月十七日
二女 モヨ 生 明治四十三年四月十一日 没 明治四十四年六月二十六日

寛先生のアドバイス

①松之助

戸籍は必ず戸主を中心に見ます。この戸籍の戸主は、「葛西松之助」。右に「亡父松之助長男」とあります。戸主松之助の父も松之助でした。また、右の前戸主欄にも「前戸主亡父葛西松之助」とあります。戸主・松之助の父が前戸主だったようです。

「亡父」とあるのは、この戸籍ができたときに、戸主・松之助の父はすでに死んでいたということです。おそらく戸主・松之助は、前戸主である父・松之助が死んで家督を相続し戸主になったと思われます。

戸主・松之助の左の欄には、「天保七年一月十日生」、上の欄には「明治三十年一月十四日死亡」とあります。１８３６年に生まれ、１８９７年に死んでいます。当時としてはわりと長寿だったようです。

②ふゆ

「妻」というのは、戸主から見ての妻ですので、「ふゆ」は戸主・松之助の妻です。

「本県北津軽郡菖蒲川村　千葉長左エ門四女入籍ス」とあります。「本県」とは戸主の本籍と同じく青森県のことです。

③権八郎

「権八郎」は、戸主・松之助の長男と書かれています。

「本縣本郡横沢村　太田東藏三男入籍ス」とありますので、横沢村の太田家から葛西家に養子に入ったようです。本来であれば、「長男」ではなく「養子」と書かれるべきところですが、古い戸籍にはこのような誤りがよくあります。

「明治二十八年十月七日願済　廃嫡《はいちゃく》」「明治二十八年十月十日本村大字飯田五十五番戸へ分家ス」とあります。「廃嫡」とは、戸主の権限で家督相続権を奪うことです。このとき48歳だった権八郎は、なんらかの理由で養父の葛西松之助から家督を譲らないと宣告されたわけです。その3日後、権八郎は妻子を連れて分家しました。壮年の婿養子を廃嫡にするには、何か理由があったのかもしれません。

④ふみ

戸主・松之助の長女「ふみ」です。

右に「長男（実は養子）権八郎妻」とあります。ここから「権八郎」は養子でもあり、養父・松之助の長女「ふみ」の夫でもあり、つまりは「婿養子」だったことがわかります。

「同上夫権八郎ニ従ヒ分家ス」とあります。「同上」とは、「権八郎」の欄の「明治二十八年十月十日本村大字飯田五十五番戸へ分家ス」にかかっています。

⑤みの

戸主・松之助の三女「みの」です。

「明治二十六年四月二十四日本県本郡本村大字横沢　三浦弥五兵衛二男重助妻ニ嫁ス」とあり、三浦家に嫁いでいます。

長女「ふみ」と三女「みの」の間に二女がいたはずですが、戸籍にいません。この戸籍ができたのが、明治19（1886）年前後です。そのときに、二女はすでに籍から抜けていたためです。籍から抜けた理由としては、「婚姻」「養子縁組」「死亡」「分家」が考えられますが、残念ながらこの戸籍からは知ることはできません。

しかし、ある程度の推測は可能です。長女が安政3（1856）年、三女が明治2（1869）年に生まれているということは、二女はこの戸籍ができた明治19年前後には18～29歳の間です。女戸主として「分家」の可能性は低いです。「養子縁組」で養女に出された可能性や、若くしての「死亡」もあり得ますが、戸主が長寿であること、他に早世した人物が見当たらないことから、「婚姻」の可能性が高いかもしれません。

⑥市郎

戸主・松之助の二男「市郎」です。長男・権八郎は養子なので、実際には長男です。

「明治三十年二月二十二日死亡跡相続ス」とあります。廃嫡された養兄・権八郎に代わり、戸主・松之助の跡を継いで22歳で家督相続をしたようです。権八郎が廃嫡された可能性の一つが少し見えてきました。

葛西権八郎が婿養子になった年月日が書かれていませんが、これは権八郎が明治5（1872）年以前に婿養子になったためです。取得できる最古戸籍である明治19年式戸籍は、日本最古の戸籍である明治5年作成の戸籍（壬申戸籍）の記載内容を引き継いでいます。明治5年以降の婿養子縁組であれば明治5年作成の戸籍に記載され、その内容が明治19年式戸籍に引き継がれたはずです（もちろんなんらかの記載漏れはあり得ます）。

「市郎」が生まれたのが明治7年。すなわち、戸主・松之助が跡取りとして権八郎を婿養子に迎えた後に、「市郎」が生まれたのです。もしかすると、婿養子より実の子に跡を継がせたいと考えたのかもしれません。

⑦綱次郎

戸主・松之助の孫「綱次郎」です。

右に「前権八郎長男」とあります。「前」とは前の欄の意味と思われますが、通常は書かれません。古い戸籍には、このように規定から外れた書き方をされたものが散見されます。

「明治二十八年十月十日父権八郎ニ従ヒ分家ス」とあります。

⑧常吉

戸主・松之助の孫「常吉」です。

右に「右同父二男」とあります。「権八郎」の二男です。

「同上分家ス」は、「常吉」の欄の「明治二十八年十月十日父権八郎ニ従ヒ分家ス」にかかっています。

⑨みの

三浦家に嫁いで籍を抜けた戸主・松之助の三女「みの」が再び出てきます。

「明治二十五年四月二十八日本村大字横沢　三浦弥五兵衛二男亡重助妻離縁ニ付復帰ト為ル」

「明治二十七年七月六日本郡藤﨑村大字葛野　阿部與四郎長男錬之助後妻ニ嫁ス」とあります。離婚し復籍したようです。その後、阿部家に嫁いで再び籍を抜けています。

・・・・・・・・・・・・・・・・・・・・・・・・・・・・・・・

「それでは、戸籍よりもっとさかのぼった調査をするために、必ず必要な基礎資料集めについて話します。

資料は、『土地関連』と『苗字関連』の大きく二つに分かれます」

覧先生がホワイトボードに書きながら話してくれる。

「まずは、土地関係の資料を集めること。

これによって、ご先祖様の土地の所有状況、住んでいた場所の地図、同姓の分布、住んでいた場所の歴史的な沿革、すなわち、家数・人口・神社・寺院・特産物などがわかり、ご先祖様の暮らしが少し見えてきます」

「土地関連」の基礎資料収集[1]

・旧土地台帳

・グーグルマップ

・電話帳

(1)詳しくは、124ページの「土地関連の基礎資料を集めよう」を参照。

・地名辞典

「次に、代表的な苗字辞典や家紋事典には、どのように書かれているかを調べます。

また、明治時代（1868〜1912）以降の代表的な人名録・商工録に、ご先祖様の名前が記載されているかどうかを調べます」

「苗字関連」の基礎資料収集(2)

・姓氏家系大辞典

・角川日本姓氏歴史人物大事典

・苗字辞典・人名事典等

・都道府県別姓氏家紋大事典

この二つの基礎調査が、この先の本格的な調査の土台となるという。

「少し具体的にやってみましょうか。

(2)詳しくは、137ページの「苗字関連の基礎資料を集めよう」を参照。

では、葛西さんから。

電話帳の調査(3)を行ってみましょう」

プロジェクターにつながれたノートパソコンには、すでに電話帳ソフトが立ち上げられている。

「同姓の分布を調べることは重要です」

苗字によっては、全国に広がる苗字、各県特有の苗字、ある県の一部に密集している苗字、全国的に珍しい苗字などがあるという。

「『葛西』という苗字の分布を見てみましょう」

例　青森県葛西家——同姓の分布から読み取れること
全国　…約7000軒
青森県…約3000軒

「半数近くが青森県に分布していることがわかります。

なぜ、青森県にこんなにも『葛西』が多いかですが……」

(3)詳しくは、128ページの「『電話帳』で一族を探す」を参照。

葛西氏は、葛西という地に桓武《かんむ》天皇の子孫が住み着き、葛西清重《きよしげ》を名乗ったことに始まった。

ここまでは、前回の講座で聞いた話。次は、その苗字の始祖・葛西清重について調べる。参考文献も、前回に引き続き『姓氏家系大辞典』。

「葛西清重は、鎌倉幕府を開いた源頼朝《みなもとのよりとも》の家臣となり、1189（文治5）年の奥州征伐《おうしゅうせいばつ》に従軍しました。奥州征伐とは、鎌倉政権が東北地方で勢力を誇った藤原氏を征伐するまでの一連の戦いです。

清重は、その征伐で大いに活躍し、現在の岩手県南部から宮城県北部に及ぶ広大な土地を恩賞として与えられました」

その後、葛西一族は戦国大名となり、現在の宮城県登米《とめ》市迫《はさま》町佐沼《さぬま》にあった佐沼城などを居城として葛西晴信《はるのぶ》まで続いたが、豊臣秀吉《とよとみひでよし》が北条氏を征伐した小田原《おだわら》の陣《じん》に参陣しなかったため滅亡。

しかし、その間に葛西一族は北上を続け、南北朝のころには青森県にまで広がっていた。

「そのため、現在でも青森に葛西氏が多いんです」

圧倒的な知識をバックボーンとした説明に、教室中から、ほうっ……という感心のため息が漏《も》れる。

「そして、戸籍からわかる一番古い本籍地に、現在どれくらい同姓が住んでいるか。

葛西家の本籍地は、青森県南津軽郡飯柳村……現在の南津軽郡板田《いただ》町飯柳です」

全国に約7000軒、うち青森県に約3000軒いる葛西家。南津軽郡板田町だと143軒。さらに絞り込むと、飯柳に34軒。

「それではここで、地名辞典(4)で飯柳村の規模を見てみましょう」

筧先生が、青森県の地名辞典を開き、プロジェクターへ。重要なポイントを指し示してくれる。

・飯柳村は、正保年間（1644〜1648）から開発が始まる
・明治初年の家数は、71。昭和55年の世帯数163、人口761。

(4)詳しくは、130ページの「地名辞典を調べてみよう」を参照。

・農業の割合は、ほぼ水田と畑作が半分ずつ
・産物は米の他に、藍葉《らんよう》・大豆・菜種など

「中規模の典型的な農地です。

正保年間……すなわち、江戸時代初期から開発が始まったようですが、明治初期の全体の戸数で71軒。昭和55（1980）年には、163軒。2009年の電話帳によれば、現在、葛西家はこの地に34軒も密集して住んでいます。163軒の中で34軒というのはかなり多いです。

長い年月をかけて分家を繰り返して勢力を伸ばさなければ、現在の同姓がこれほどの数になることは考えにくい。当家のご先祖様は、飯柳村の初期の入植者の1人で、俗に言う〝草分け〟だったと思われます」

私の家は、農村地に古くから住んだ家だったんだ。家老という聞き伝えは、やっぱ違うのか。

「きっとこの地に、葛西さんとご先祖様を一にしている方たちがいますよ」

100年以上前に家族だった人たちが、今も青森の飯柳というところに住

んでいるんだ……。

「ご先祖様のお墓も残っているかもしれません。勢力のあった家のようなので、郷土資料などにも記録があるかもしれませんね」

先祖のお墓に、郷土資料に記録の可能性。先祖の手掛かりが見えてきて、わくわくする。


ともかくまずは、基礎的な調査。

集めるべき資料のうち、「旧土地台帳[5]」は法務局へ郵送での取り寄せが必要だが、その他の資料はここの図書館になくとも、大きな図書館にはそろっているそうだ。

そこまで進んだら、さらなる調査か……。

また来よう。

講座を終えた美々はさっそく、札幌《さっぽろ》中央図書館に向かった。

(5)詳しくは、124ページの「『旧土地台帳』とは」を参照。

「土地関連」の基礎資料を集めよう

先祖は、どのようなところに住んでいたのでしょうか。山のふもと？　海沿い？　どのくらいの広さ？　近所も親族？　実は、村の顔役だったかもしれません。

先祖が住んでいた土地についての資料を集めることは、先祖を知るうえでの大きな手掛かりになります。

◆「旧土地台帳」とは

法務局には、明治中期からの土地登記を記録した「土地台帳（旧土地台帳）」が保管されています。

「土地台帳」は、誰でも自由に閲覧が許されています。明治時代のものが残っていれば、**かつて先祖が住んでいた土地の広さや地価、所有者の変遷、抵当の有無などを確認することが**

できます。

「土地台帳」は、郵送で取り寄せることができます。

まずは、先祖が住んでいた土地を管轄する法務局を市町村役場に確認、あるいはインターネットで検索し、問い合わせてみましょう。

その際には、調べたい土地の現在の住所を明記し、「土地台帳」の謄本交付を依頼してください。料金は無料です。

◆旧土地台帳に記載されていること

記載されている内容は、おおよそ次のことです。

・「地目《ちもく》」

土地が何に使用されているのかを記載しています。宅地、役場敷地、堤塘《ていとう》（防波堤）、墳墓地《ぼち》（墓地）、溝渠《こうきょ》（用悪水路）、砂防地（山林や原野）などを記載しています。

・「事故」「事由」

所有権に変更があって登記が行われた場合、その理由が記載されます。例えば、質権が設定されたとか、売買された、相続したなどです。

・「所有者の住所・氏名」

所有者が移転した場合、その住所と氏名が記載されます。

他に、「字（区画名）」「地積（面積）」「地価（価格）」「地租（課税金）」「沿革（地目・地積などの変遷）」「登記年月日」などが記載されています。内容を詳しく知りたいときは、法務局に尋ねるとよいでしょう。

美々が取った葛西家の旧土地台帳には、先祖の名が記載されていました（左）。

美々の「5代前　葛西権八郎」から「葛西常吉（美々の4代前　葛西綱次郎の弟）」に所有権が移ったようです。

その後、「葛西○○」なる人物に相続によって所有者が変わっています。おそらく葛西○○氏は、「葛西常吉」の息子でしょう。

電話帳などで、葛西○○氏あるいはその子孫を見つけることができれば、葛西家について話が聞けるかもしれません。

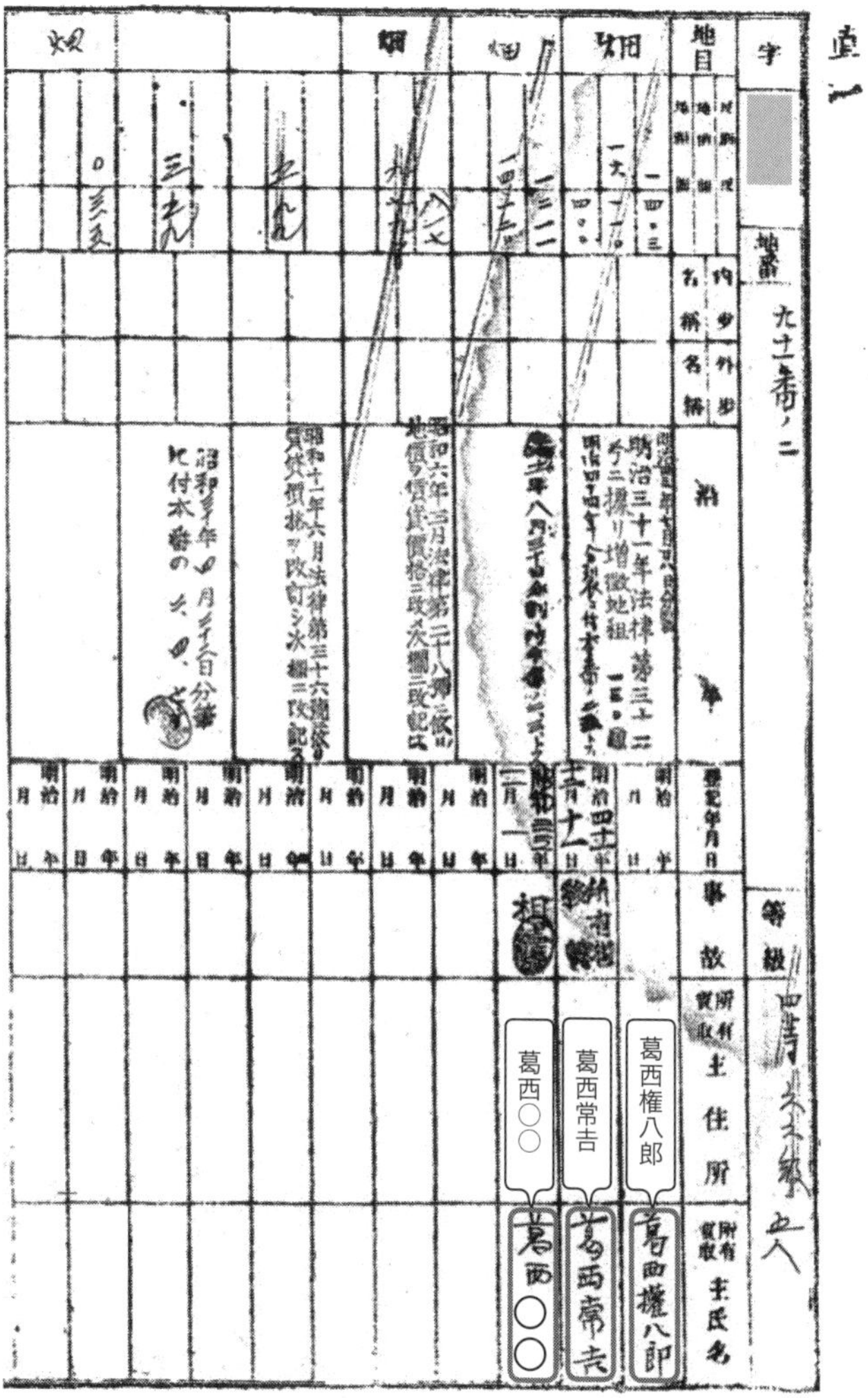

美々が取った葛西家の旧土地台帳

◆「グーグルマップ」で、地図上の本籍地を見る

「グーグルマップ（Googleマップ）」とは、インターネットを通して提供している、無料の地図検索サービスです。地図、航空写真、地形などの複数の表示モードがあります。

グーグルマップは、大変便利です。先祖が住んだ土地のお寺の把握にも使えます。ストリートビュー（表示モードの一つ）で、その土地の町並みを見るのも感慨深いです。

取得できた**最古の除籍簿の本籍地を現在の市町村名に変換してから、今の地名でグーグルマップを使って調べてください。**

その際に、グーグルマップで「（地名）寺」「（地名）神社」「（地名）公民館」「（地名）図書館」などと検索し、地元のお寺や機関を把握しておくと大変便利です。

◆「電話帳」で一族を探す

本籍地の市町村変換ができたら、**先祖が住んだ土地に同姓の家がどのくらいあるのかを必ず把握しておきましょう。**

そのためには、本籍地の市町村のＮＴＴの電話帳『ハローページ』を調べます。全国の『ハローページ』は、各公立図書館などに備え付けられています。

・「渡辺」「渡邉」「渡部」「渡邊」など、漢字が違えど読みが同じ家は同族候補です。
・先祖の名前と同姓の人物、先祖の名前の一文字を使っている人物も拾い出します。

電話帳に記載された苗字を全国単位で検索するには、電子電話帳が便利です。現在販売されているものとしては、**「写録宝夢巣《しゃーろっくほーむず》」**（日本ソフト販売）があります。

価格は8800円ほどですが、全国的な苗字の分布や順位、県市町村単位での住所・氏名・電話番号・苗字のランキング、フルネームでの検索なども可能です。

ただし近年は、携帯電話の普及と個人情報保護のため、電話帳に掲載しない家が増加しました。もしも可能ならば、2000年ごろのものが最も収録数が多いので、こちらを手に入れましょう。

◆電話帳に同姓が載っていない！　そんなときは…

調べてみたが、同姓の家が全くいないというケースもあり得ます。その理由としては、次のことが考えられます。

・もともと珍しい苗字で数が少ない。

・一族まるごと、あるいは一族の本家に当たる人物が移住した。
・先祖が何代も他家からの養子だった。

こういう場合は、**その市町村にこだわらず、郡から県へと検索の網を広げてください。**

さらに何らかの理由で血脈が先細りになっていて、同姓の同族がほとんどいないという家もあります。

その場合は、**その地域周辺から先祖の戸籍に入籍した妻や養子の実家を調べてみてください。**これらの家は直接の同族ではありませんが、あなたの先祖と関係のあった家ですから、なんらかの情報を持っているかもしれません。

◆地名辞典を調べてみよう

先祖が住んだ土地の歴史を調べるのに使う資料は、『角川日本地名大辞典』と『日本歴史地名体系』です。

少し難しい言葉も出てきます。辞典に書いてある内容が今はよくわからなくても、先祖が住んだ土地のコピーは必ず取っておきましょう。

・**『角川日本地名大辞典（全49巻）』**（角川書店）

角川書店が１９７８（昭和53）年から都道府県別に刊行した地名辞典です。都道府県別に編纂《へんさん》されています。

先祖のかつての居住地の歴史的な沿革を手早く知ることができます。

ある村の総石高や人口の変遷、領主名、住民の職業、寺院や神社などが簡潔に記されており、庄屋の名前も散見されます。また、その地域の代表的な郷土資料も収録されています。

・**『日本歴史地名体系（全50巻）』**（平凡社）

平凡社が１９７９（昭和54）年から都道府県別に刊行した地名辞典です。

右記の『角川日本地名大辞典』と併せて読むことで、先祖の住んでいた村の状況がより詳しく理解できます。

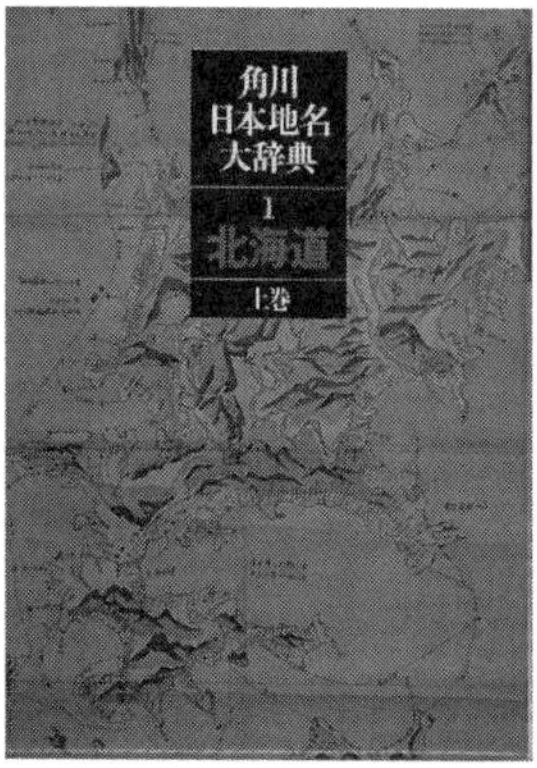

『角川日本地名大辞典』

『日本歴史地名体系』

◆地名辞典を読んでみよう

これから実際に、地名辞典を読んでいきます。
葛西家の住んだ「飯柳村」を例にします。

〔近世〕飯柳村《いいやなぎむら》
[現]板田町飯柳①
弘前藩領②。東は五所川原堰を境に林崎《はやしざき》村（現南津軽郡藤崎町）に接し、西は枝川《えだがわ》堰（現枝川鶴田堰）、その西を岩木川が北流し、北は横沢《よこさわ》村に接する。

貞享元年（一六八四）の郷村帳（県史7）③に飯柳村六八五・五石とあり。正保年間（一六四四〜一六四八）から開発が始まる。貞享四年の検地帳は田方四七町七歩、畑方四六町三反六畝二歩、田畑屋敷合せて九三町三反六畝九歩、村高六一〇・七〇三石、百姓七七人、郷蔵屋敷、漆木八本と記す。「平山日記」④は元禄三年（一六九〇）には藤崎組に属し、村位は中と記し、享保一〇年（一七二五）小知行派の一人として飯柳村千葉新五郎⑤をあげている。藩は寛政改革の一環として、荒廃田畑の復興を目指し藩士の藩士土着政策⑥を推進した。当村に割り当てられたのは和島安兵衛一人（板田町史⑥）。天保年間（一八三〇〜一八四四）には枝川母堰を利用している（津軽平野開拓史⑦）。

明治初年の家数七一⑧（太田家文書⑨）。「土地中之中、産は前の村々のことし、又多く藍を殖う」と記す（新撰陸奥国誌⑩）。寺社は曹洞宗竜渕寺⑪、浄土宗円教寺⑪。飯柳神社⑫は集落の東南村元《むらもと》にあり、祭神は闇加美神。同十二年飯柳小学⑬を開設、同年の教員数は男一、生徒数は男十六（明治十二年公学校表）。同年の「共武政表」によれば、戸数七二・人口男性二五六、女性が二二五・農耕馬二四・物産は米・藍葉・大豆・菜種。

〔近代〕飯柳

明治二二年～現在の大字名。はじめ飯柳村。昭和三〇年からは板田町の大字。大正二年飯柳尋常小学校⑬は林崎尋常小学校と合併して板田尋常小学校⑬となる。昭和五五年の世帯数一六三⑭・人口七六一。

①［現］板田町飯柳

「飯柳村」が現在の板田町飯柳であること。

②弘前藩領

江戸時代は弘前藩の領地でした。どのような藩で誰が殿様だったかなど、弘前藩についても調べてみましょう。

③郷村帳（県史7）

「郷村帳」とは、領主が村の生産力を確認するために作られたものです。知らない言葉が出てきたら、インターネットや辞書で調べてみましょう。また、この郷村帳（県史7）とは、すなわち青森県史の7巻に記載があることを示しているようです。

④「平山日記」

「平山日記」とは何でしょうか？　インターネットで調べると、青森県文化財保護協会が1967年に出版した「みちのく双書　第22集」という本のことです。インターネット、あるいは図書館や出版先に問い合わせて調べてみましょう。

⑤千葉新五郎

「千葉新五郎」なる人名が出てきました。「小知行派」とは、村の有力者による開発を指します。千葉家は村の有力者ということになります。もしかしたら、庄屋（村長）かもしれません。今後、郷土誌等、さらに深い文献調査をする際に気をつけてみてみましょう。

そういえば、美々の6代前・葛西松之助の妻ふゆは、千葉家から葛西家に嫁いでいます。何か関係があるかもしれません。もし今後、美々が葛西家の調査に行き詰まったとき、地元有力家である千葉家に情報を求めるという方法も考えられます。あるいは葛西家とともに千葉家をさかのぼるのもよいでしょう。

⑥藩士土着政策、板田町史

「藩士土着政策」とは何でしょうか？　調べてみると、弘前藩主津軽氏が行った政策で、年貢に頼りすぎた藩士を藩士半農に戻そうという政策のようです。

これから調べる郷土誌等で、その政策が行われた理由などをさらに深く知ることで、間接的に先祖の暮らしが浮かび上がってくるでしょう。出典の「板田町史」は必ず確認しましょう。

⑦津軽平野開拓史

「津軽平野開拓史」なる資料もあるようです。

⑧家数七一

明治初期には71戸の家があったようです。江戸時代の平均的な村の家数（戸数）は30～50戸ですので、ほぼ平均的な規模の村だったようです。

⑨太田家文書

「太田家文書」なる文書名が出てきました。おそらく飯柳村の庄屋である太田家が残した文書と思われます。先に出てきた千葉家とともに飯柳村の有力家系でしょう。千葉家と交互に庄屋を務めた可能性もあります。「太田家文書」がどこにあるのか？　これから調べる郷土誌等で気をつけて見ていきましょう。

美々の5代前・葛西権八郎は太田家から葛西家に養子に入っていました。何か関係があるかもしれません。

⑩「新撰陸奥国誌」

「新撰陸奥国誌」なる資料もあるようです。

⑪竜渕寺、円教寺

「曹洞宗竜渕寺」「浄土宗円教寺」という寺があるようです。葛西家の菩提寺《ぼだいじ》かもしれません。移動をしても宗派を変えることは少なかったので、現在の宗派と一致する方が、より菩提寺候補に近いかもしれません。

⑫飯柳神社

「飯柳神社」という神社があるようです。葛西家は氏子だったかもしれません。神社には、神葬で葬られた方の記録である霊名簿《れいめいぼ》が残っている可能性があります。また、氏子の記録、寄進・奉納・参詣の記録等があることがあります。神社を囲む柱などに、奉納者として先祖の名前が出てくることもあります。

⑬飯柳小学、飯柳尋常小学校、板田尋常小学校

「飯柳小学」「飯柳尋常小学校」「板田尋常小学校」という学校名が出てきました。同校の卒業生かもしれません。現在は何という学校になるのかを調べ、学籍簿のような記録がないかを問い合わせることも考えられます。

⑭世帯数一六三

明治初年に71戸だった世帯数は、昭和55年には163戸にまで増えたようです。電話帳によると、この中の34軒が葛西家です。やはり昔からこの地に住んだ旧家だったようです。有力家系として記載のあった、千葉家や太田家と養子婚姻関係があるのも不思議なことではありません。

「苗字関連」の基礎資料を集めよう

先祖がどのような職業を持ち、どのような家系なのかなどを知るためには、苗字関連の資料を調べます。『姓氏家系大辞典』（角川書店）については、第一・二講の美々の物語で扱いましたので、ここではこれ以外の資料を紹介します。

◆都道府県別に苗字を扱う『角川日本姓氏歴史人物大辞典』

『姓氏家系大辞典』を補足すべく、角川書店は都道府県別の苗字家系辞典である『角川日本姓氏歴史人物大辞典』があります。

岩手県・宮城県・神奈川県・群馬県・山梨県・長野県・静岡県・愛知県・富山県・石川県・京都府・山口県・鹿児島県・沖縄県が刊行されています。

自分の苗字が掲載されていれば、コピーを取っておきましょう。

◆人名事典や紳士録、地主名鑑などで、先祖の職業を調べよう

先祖の職業を調べるには、人名事典や紳士録（社会的地位のある人の氏名・住所・出身・職業などを記した名簿）が有効です。

例えば、北海道には大正年間に刊行された『北海道人名辞書』という人名辞典があります。当時の全道の資産家の経歴が記載されています。

商工紳士録も明治時代から作製されています。図書館で調べてみましょう。

さらに、地主名鑑もあります。例えば、日本図書センターの『都道府県別資産家地主総覧』。同書の中には日本全国の各種地主名鑑が収録されております。

他に、国立国会図書館デジタルコレクション（旧、近代デジタルライブラリー http://dl.ndl.go.jp/）では、明治期の数万冊の全ページを公開しています。

◆家紋を知るなら、『都道府県別 姓氏家紋大事典』

『日本家紋総鑑』（詳しくは、第四講226ページの「家紋の参考書」を参照）の著者である千鹿野茂《ちかのしげる》氏が、全国の墓石から採集した家紋を都道府県別に分類して収録しています。この事典を調べれば、都道府県ごとの各苗字の家紋の傾向が見えます。

例えば、青森県の「葛西」の項目を見てみます。同じ読みの「笠井」も目を通します。

多数の家紋を使っていることがわかります。丸に三《み》つ柏《かしわ》・抱き柏・蔓《つる》柏など、柏を使う家が多いようです。

その右に「下総・桓平豊島氏族」と見えます。これは苗字と家紋から、ルーツの可能性が高い系統を推測したものです。

青森には、葛西姓の始祖・葛西清重が好んだ柏紋を使う家が多く、「下総・桓平豊島氏族」以外の有力な家系の候補がないことがわかります。

あくまでも傾向であり、必ずしもすべてが自分の家系に当てはまるわけではありませんが、全国を渡り歩き、大変な労力を費やしてまとめた本書はとても参考になります。

青森県の「葛西」「笠井」の項目

笠井 かさい	丸に梅鉢	桓平豊島氏族、清源族
	丸に二つ引	桓平豊島氏族、清源族
	丸に三つ柏	桓平豊島氏族、清源族
葛西 かさい	丸に三つ柏	下総・桓平豊島氏族
	丸に剣片喰	下総・桓平豊島氏族
	丸に抱き柏	下総・桓平豊島氏族
	丸に蔓柏	下総・桓平豊島氏族
	丸に抱き茗荷	下総・桓平豊島氏族
	丸に木瓜	下総・桓平豊島氏族
	丸に四つ目	下総・桓平豊島氏族

（出典：千鹿野茂（2004）『都道府県別 姓氏家紋大事典』柏書房）

コラム

戸籍以上の調査のパターンと優先順位

各家ごとに調査の方針は大きく変わりますが、大まかに左記のパターンに分かれます。

1　菩提寺やお墓がわからなくなっているので、同姓からアンケートを取る
2　菩提寺に過去帳の有無を確認する
3　地元の旧家なので、地元の郷土資料や人名録の調査をする
4　江戸時代武士の家系なので、藩政資料の調査をする
5　全国的に少ない苗字なので、全県、あるいは全国へのアンケート調査をする
6　その他、右記に当てはまらないケース

例えば美々の場合は、1と3に当たり、1によって菩提寺が判明したら、2を行う必要があります。

調査の中には、今すぐにやらないとならない調査と、いつか時間ができたときに行えばよい調査があります。

例えば、急がなければならないのが、1と2です。古きを知る方がだんだん少なくなっているからです。地元の同姓にアンケートを取ると、「もう数年早ければ、古老がいたのでいろいろ聞けたのだが……」という回答が年々多くなっています。

お寺の住職も代替わりが進むと、いっそう対応いただくのが難しくなります。最近では、「過去帳の閲覧を原則認めない」というお寺も増えてきました。

今なら判明するかもしれない先祖のお寺やお墓

の調査は、一日ごとに難しくなり、数十年後の子どもや孫の代にはほぼ不可能になります。

また、このような人からの情報だけでなく、地元の人名録や武士だった場合の藩士名簿の調査も急がなければなりません。

個人情報保護法の拡大解釈で、江戸期・明治期の人名が載った文献や古文書（例えば人名録や戸長名鑑のような文献）が年々見られなくなっています。

国立国会図書館ではすでに一部の資料が閲覧禁止になってきており、この動きは早晩全国に広がると思われます。

逆に、さほど急がなくともよい調査もあります。

例えば、中世古代の系図文献から、古い時代のルーツを調べるような調査、あるいは地元の郷土誌の調査は、さほど急がなくとも大丈夫です。

このような文献は、今後、閲覧禁止になるようなことはないでしょうし、いつか時間ができたときにじっくり勉強しながら進めてもよいです。あるいは将来、子どもや孫に託してもよい調査です。

コラム　日本人にはいくつ苗字がある？

日本人の苗字の総数が正確に判明したのは、戦後になってからです。

民俗学者で苗字・家紋研究家の丹羽基二《にわもとじ》氏の調査により、1997年に29万1129種類が確認されましたが、同氏は以降も新たな苗字を発見しており、おおよそ30万種類以上と考えられています。日本人の苗字は、同じ漢字を使っていても読み方が複数あります。

例えば、「大谷」という苗字には、「おおたに」「おおや」という、2通りの読み方があります。「大豆生田」は、「おおまめうだ」など、多数の読み方が確認されています。

このように、文字で表記された苗字の読み方を一つずつ計算すると、約30万種類となるのです。

一方、読み方を無視し、文字表記のみで計算すると、日本人の苗字は約13万種類（※諸説あり）ほどだと考えられています。

ちなみに、民俗学者の柳田國男《やなぎたくにお》氏は、戦前に小規模な調査から8万種類以上ではないかと推理していました。

この約30万種類の苗字は、『日本苗字大辞典』（芳文館出版部、1996）にすべて掲載されています。この本には、JIS規格にない文字（特定の環境でしか、正常に表示されない文字）が1万2928文字も使われており、いかに日本人の苗字に使われている文字が多様なのかも知ることができます。

第三講

◆

先祖はどんな生活をしていた？
——本格調査①「文献からの情報収集」

美々《みみ》は褒《ほ》められていた。

「あんた若いのに熱心だねぇ」

「そうだな。ウチの孫とは大違いだ。真面目でよい子だ」

第3回まで進んだ家系図講座。

前回教えられた、土地関連・苗字関連の基礎資料をすべてそろえて臨んだのは、美々の他数名だった。

第1回への参加は偶然だった。第2回は、なんとなく面白くなったからだった。学生である美々が、参加しやすい土曜日開催だったのもある。

だが、この第3回には、明確な理由がある。

そもそもは相続のために、祖父の啓治《けいじ》が生まれてから亡くなるまでの戸籍が必要だっただけだ。この任務はすでに終了し、ご褒美に美々の大好きな、自然食バイキングのディナーに連れていってもらっていた。「焼肉がいい」とぶつぶつ言いながらついてきた妹の清美《きよみ》が一番食べていたのは、やや気に食わなくも微笑ましいが、それはまあいい。

家族にはディナーから帰宅後のリビングで、自分が興味で家系をさかのぼっていることは伝えてあった。

母の晴美《はるみ》はちょっと興味があるようで、食べすぎて動けないながらも熱心に聞いてくれた。「自分の家系も調べようか」と言いだしている。

ただ、父の啓介《けいすけ》に、時折気づかわしげな視線を投げるのが気になった。

その父・啓介の微妙な反応がまた気になった。美々の7代前、啓介の6代前までさかのぼれたことには、全く興味を示さなかったのだが、阿寒《あかん》から釧路《くしろ》を転々とする、父・啓治（美々の祖父）や、祖父・丑蔵《うしぞう》（美々の曾《そう》祖父）の戸籍には興味があるようだった。と、いっても関心のないふりを装いながら、戸籍を見る目がなんとなく真剣に見えただけだが、そこは親子。美々は何かを感じ取っていた。

ちなみに清美の目と耳は、興味のないことは見えず聞こえずの造りになっている。7代前の先祖より、コンソメパンチの残りの量の方が重要らしかった。

いつものように、颯爽《さっそう》と現れた筧《かけい》先生。

「はい。基礎調査資料をすべてそろえてきた方が……数人いらっしゃいますね。

おっ！　最年少の葛西《かさい》さんもですね」

美々はまた褒められた。小中高とさほど目立つ方ではない美々は、あまり褒められ慣れていない。なので、今回は早々に『また来よう』と思った。

その前に、今日の講座の後、少し筧先生に相談できるといいのだが……。

今日は、本格的な資料集めに入るようだ。

「この講座も、残すところあと2回です。

いよいよ本格的な調査に入りますが、この先の調査は大きく二つ、『文献からの情報収集』と『人からの情報収集』です」

すなわち、郷土誌など、地元の郷土資料の調査と、地元の同姓の方やお寺へのアンケート調査。

今日を含めてあと2回なのか……少しさみしい気がした。

(1)詳しくは、162ページの「先祖が住んだ土地の『市町村史』を調べよう」を参照。

今日は、文献からの情報収集。

本格調査①「文献からの情報収集」

・郷土誌の調査(1)
・図書館へのレファレンス(2)
・その他(3)

「家系調査を行うためには、かつてご先祖様が住んでいた土地の歴史を深く知ることが不可欠です。

前回の講座で紹介した土地関連の基礎資料より、もっとご先祖様に迫るための資料を調べます。

それに欠かせないのが、『市町村史』などの郷土誌(4)です。ご先祖様が武士や庄屋《しょうや》・名主・肝煎《きもいり》・十村《とむら》などの村長だった場合には、ご先祖様の名前が記載されている可能性も十分にあります」

美々は、いつものように必死にメモを取る。年配の受講者たちは、必死に

(2)詳しくは、171ページの「『図書館レファレンス』を使いこなす」を参照。

(3)詳しくは、176ページの「著者や編纂者に質問するのも『有』」を参照。

(4)詳しくは、165ページの「『市町村史』をどう読む？」を参照。

メモを取る美々を微笑ましく見ていた。

「では、その収集方法。

ポイントは二つ。『どこにどんな資料があるのか?』と『現地に行かずして資料を集める方法』を知ることが重要です」


まず、どこにどんな資料があるのか?

先祖の記録が残されている可能性のある場所は、図書館・文書館・役所……など、多岐にわたる。

「地元の公民館や個人宅が所蔵のものもあるかもしれません。また、地域によって独特の資料もあります」

例えば、宮城県では『安永風土記《あんえいのふどき》』といった、江戸時代の戸籍のような資料が残されている。また、徳島県では『棟附帳《むねつけちょう》』といった、江戸時代の庶民の系図が残されている地域もあるという。

「このように、各県独特の調査方法がありますし、発見に専門知識が必要な資料もありますが、家系調査を行うにあたって必ず集めなければならない資料の大半は、地元の大きな図書館やご先祖様が住んだ土地の図書館や文書館にあります」

次に、現地に行かずして資料を集める方法。

「図書館や文書館を利用するにあたって非常に大事なのが、現地に行かずとも『市町村史』を取り寄せたり、文献のコピーの郵送を依頼できたりするということです。

あまり知られていないのですが……」

と、前置きして教えてくれたのは、次の方法。

・「図書館間相互貸借サービス」[5]というのがあり、全国どこの図書館の蔵書も取り寄せて読むことができるということ

・「図書館レファレンス（複写サービス）」[6]で、郵便・メール・FAXによる問い合わせに応じてくれるということ

(5) 詳しくは、164ページの「遠くの地にある『市町村史』を取り寄せるには？」を参照。

(6) 詳しくは、171ページの「資料が多いなら、『レファレンス』の利用を」を参照。

「遠く離れた地の『市町村史』などが必要な場合は、この二つのサービスを利用しましょう」

その市町村がある都道府県立図書館に出向くと、県下の「市町村史」がすべてそろっているという。

「例えば、葛西さんの場合は……青森県南津軽郡飯柳《いいやなぎ》村……現在の南津軽郡板田《いただ》町飯柳でしたね」

プロジェクターにつないだノートパソコンで、図書館の「蔵書検索」。

まず、キーワードは「飯柳村」。青森で一番大きな青森県立図書館と地元板田町立図書館両方で、蔵書検索。

「一番小さい小字まで絞った『飯柳村史』のようなものがあればいいんですが、それはないようですね」

幅を広げて、次に『板田町』で検索。

青森県立図書館の蔵書検索で、二つ引っかかる。『板田町史　板田町教育委員会』と『弘前《ひろさき》藩庁日記から見た板田町の歴史　板田町文化財研究会』。

「板田町史」は前回調べた地名辞典にも記載があった。

さらに、地元板田町立図書館には『板田町の生い立ち　板田町役場』。

「この3冊を取り寄せるといいですね」

また、札幌《さっぽろ》の大きな図書館にも、『青森県史』や『南津軽郡町村誌』のような、各県の代表的な郷土誌はあるという。

さっそく帰りに、図書館で取り寄せの手続きをしようと思った。


…………………………………


「ちょっと聞きたいことがあるんですが……」

講座の後は、覚先生はすぐに帰らず、さりげなく質問タイムを設けてくれている。他の受講者たちの質問が終わるのを見計らって話しかけてみた。

「ん。葛西さん。どうぞ。どうしました」

美々が講座の後に残って質問をするのは、今日が初めてだ。

「ええと、さかのぼるような話ではないんですけど……」

祖父とか曾祖父のことを調べてみたい。

「うん。家系図っていうのは、確かにさかのぼるだけじゃないと思っている。でもどうして、そう思うんだい」

「ええと……」

思い切ってすべて話してみた。うまく話せる自信はない。順番もめちゃくちゃだ。

でも筧先生は、口を挟まずゆっくりと聞いてくれていた。

父・啓介は、祖父・啓治を嫌っていること。それは直接聞いたわけではないが、子どものころから感じていた。

父と祖父が話をしているところを見たことはない。なんとなく子どものころの思い出や小耳に挟んだことから推測すると、若いころの祖父は、豪放磊落《ごうほうらいらく》を気取りながらも少しだらしない性格で、借金を作ったりなんだかんだで、祖母、すなわち、父・啓介の母に相当大変な思いをさせた……ような感じがする。啓介は苦しむ母を見て育った……のだと思う。

父・啓介も祖父・啓治も、美々や清美には優しい。祖父と祖母は離婚を考えた時期もあったのだろうが持ちこたえ、どこにでもいるような穏やかな老夫婦になった。それは、祖母の我慢と努力によるものである（と、啓介は思っているように思う）。

祖父は、つい数カ月前に死んだ。祖母の死に涙ぐみ声を詰まらせた父だが、祖父の死にはひとかけらの感情も見せなかった。でも、祖父や曾祖父の戸籍を見ていた父の横顔は悲しそうだった……気がする。

「そうだ！　そもそもは相続で戸籍がいるから、ここに来て先生の講座のポスターをたまたま見たんです」

着地点を失っていた美々の話が、いきなりポトっと着地した。

なんとなく祖父や祖父の父のことをもっと知れば、父が何かを思う……ような気がする。いや、別に何かを思ってもらう必要はないんだが、とにかく何か知ることが父のためになる……ような気がする。

「そうか……。ちょっともう一度、君の戸籍を見せてくれるか」

「はい」

バインダーに閉じた戸籍を渡す。

「ご先祖様の職業はわかるかい？」

寛先生は、古い戸籍から新しい戸籍まで順にじっくり眺めながら、美々に聞く。

「青森ではわからないです。北海道に来た4代前の綱次郎《つなじろう》もわからないです。3代前の丑蔵は炭鉱で働いていたみたいです。祖父の啓治は公務員です。お父さんは自営業です」

「父」と言うべきところを、うっかり「お父さん」と言ってしまった……。

「そうか……。君の祖父・啓治氏は……安心したのかもしれないな」

安心？

「まず古い時代、青森ではきっと農家の家系だったんだろう」

前回集めた基礎資料によると、美々の先祖の住んだ地は農村地。そして、現在多くの同姓が住んでいることから、草分け村民だろう。……、というところまでは、前回の講座で把握した。

「もっと深く考えるとね……」

筧先生が一番古い戸籍の本籍地を指さす。

――「青森県南津軽郡飯柳村」の後に「五十五番戸」とある。

今は「○○番地」というように地番がふられるが、昔は「○○番戸」「○○番屋敷」というように、家屋敷に直接地番がふられたという。

「飯柳村の戸数は地名辞典によると、明治初年で71戸とあったね。この家屋敷にふられた地番は、村の中心地からふられている。

ということは、『五十五番戸』というのは、71戸あった村の中心からはやや離れていると想像されるんだ」

まず村の中心地に草分け村民が住み着き、お寺や神社ができ、村が発展する。

「この地の葛西家の総本家は、きっと村の中心地に住み、上層農民として裕福だったと思う」

しかし、後から分家していった家は必ずしもそうではなかった。

村の端に住んでいたのは、後から村にやってきた人や、本家から離れた分家の場合が多い。

「江戸時代を通じて、西日本では温暖な気候のおかげで、耕作面積が飛躍的に広がり、人口も増加していたんだ。だが、その一方で、寒冷な東北地方、とりわけ青森県では、連年のように凶作に見舞われていた」

青森県の土地は痩《や》せこけ、もう新たに開発をする余地はほとんどなくなっていたという。

「そんな青森県の閉塞状態に見切りをつけて、綱次郎氏は未開の大地だった北海道で、自らの可能性を試したいと思ったのかもしれないな」

そうか……。生まれた地を離れる。親兄弟と離れる。美々には考えたくもないことだ。

興味本位で家系をさかのぼっていたが、平和な今では想像もつかない厳しい時代でもあったのかな。

「ちょっと待ってて」

と、言って出ていった筧先生は数分で戻ってきた。手に持っているのは、『地名辞典 北海道版』。図書館から借りてきたんだろう。

「地名辞典は、何もさかのぼる調査のためだけに使うんじゃないんだ。もう少し、君の葛西家のことを理解してみよう」

と、言いながら開いたのが、「北海道阿寒村雄別《ゆうべつ》」。綱次郎は、3代前の丑蔵を連れて、雄別に渡っている。


明治時代は阿寒村大字舌辛《したから》村の一部で、本格的な開拓が始まったのは、明治後期になってからである。

明治30年代（1897〜）から鉄道の枕木や製紙工場で使う材木の伐採地として栄え、1919（大正8）年には、雄別炭鉱が開業。鉄道線路も整備され、人口は飛躍的に増加した。


丑蔵が勤務していたのは、雄別炭鉱なのかな？

「きっとそうだと思う」

と、言いながら、ノートパソコンで「雄別炭鉱」を検索している。

「雄別炭鉱は、戦争末期には休業状態になっている。このころ、君の祖父・啓治氏はまだ小学生くらいの歳《とし》だったろう」

戦争……。

若くして、綱次郎と共に北海道に渡った、ひいおじいちゃんの丑蔵さん。生活基盤を築き家族を得たところで、戦争……。

「そして、系図を見ると啓治氏の兄、徳三氏は昭和8年にわずか5歳で亡くなっている。戸籍には死因は書かれていないが、昭和に入ったとはいえ、まだ厳しい時代だったんだろう。」

長男 徳三
生 昭和二年三月二十四日
没 昭和八年二月一日

二男 啓治
生 昭和七年六月十日
没 平成三十年八月一日

兄・徳三の家系図

「次に、戦後に丑蔵氏が転籍した『釧路市鳥取村《とっとり》』を見てみよう」

鳥取村は、1884（明治17）年から旧鳥取藩士が移住して開村した村であり、故郷にちなんで「鳥取村」と名づけられた。

1920（大正9）年には、富士製紙釧路工場が開業。

「富士製紙釧路工場か……。雄別の記載に、『製紙工場で使う材木の伐採地として栄え』とあったな……」

と、言いながら、また検索。

「……つながった。

富士製紙釧路工場で使われた原材料の木材は、雄別を含む舌辛村で切り出されたもののようだ。もしかしたら、この木材のつながりで、丑蔵氏は鳥取村に移り住んだのかもしれないな」

すごい！

ミステリー小説の探偵のように、手掛かりをつなぎ合わせ、謎を解いていく。実は美々は、アガサ・クリスティーの大ファンだった。

その後、丑蔵は家族とともに、釧路市堀川町など、いくつか転々とし、釧路市内で死亡。

啓治は釧路市で公務員となり、同じく公務員の祖母と出会い結婚。当時、公務員住宅を中心とした大型の住宅団地が造成されていた、釧路市白樺台《しらかばだい》に居住。そして、美々の父・啓介が生まれる。

「安心したんじゃないだろうか。君の祖父の啓治氏は」

葛西家は、大正初期に青森から北海道へ渡った家系。明治初期からの開発もほぼ終わった北海道で、恵まれた土地を得ることもなく、妻と子・啓治を抱えた曾祖父・丑蔵は戦争で職を失う。おそらくは不安定な暮らしの中、釧路近辺を転々としながら、祖父・啓治は育つ。

きっと楽な生活ではなかっただろう。そして、どういう経過か、祖父・啓治は公務員へ。

「当時の公務員待遇は、決して恵まれていたとは言えないだろう。だが、北海道に渡った葛西家は啓治氏の代になって、初めて安定した暮らしを手に入れたんじゃないだろうか。もしかするとそれで少し気が抜けて、タガが外れてしまったのかもしれないね」

こういった移住後に苦労した話は、北海道に限った話ではない。

全国どこでも、そういう時代を過ごした先祖がバトンをつないでくれた。そして、今の平和な世の中がある。

「綱次郎氏の冒険から始まった葛西家の北海道移住は、紆余曲折《うよきょくせつ》はあったかもしれないね。

だが、見事に花を咲かせ実をつけ、今、君がここにいるんだね」

先祖が住んだ土地の「市町村史」を調べよう

◆郷土誌の代表「市町村史」

先祖がかつて住んでいた土地がわかったら、その土地の郷土誌である「市町村史」をぜひ読んでみましょう。

各都道府県の「市町村史」は、各都道府県立図書館や市立図書館にあります。地元の小さな図書館にもあるでしょう。

「市町村史」には、その土地の詳しい行政史や生活史がわかりやすい文章で書かれています。

文章で歴史を叙述したものを「通史」や「通説」といいます。通史の他に、通史を執筆するもととなった、古文書を翻訳した「資料編」や「史料編」もあります。

◆先祖が住んだ土地の「市町村史」はどれ？

まずは、先祖の住んでいた土地の「市町村史」が、刊行されているかどうかをインターネットで確認します。「○○市史」などと入力して検索すればわかります。ネット環境がない場合は、図書館の窓口で相談すれば調べてくれるでしょう。

刊行している教育委員会や地元の役所で販売しているかどうかも見てみましょう。インターネットのオークションや古本屋で販売しているかもしれません。値段によっては買ってしまってもよいかもしれません。

次に、複数ある「市町村史」の中から、どれを調べるべきか。

郷土誌は、狭い範囲のものの方が有効です。

かつて先祖が住んでいた土地が「○○県○○郡○○村○○（小字）○○番地」と判明したら、まずは小字の郷土誌を調べます。

それがない場合は、「○○村」。

それもなければ、「○○郡史」や「○○県史」を調べるのです。

◆「市町村史」のどこを調べる？

「都道府県市町村史」は、多くが複数巻の大著作です。１００冊近くあるものもあります。そのすべてを調べる必要はありません。

家系調査に役立つと思われる、「中世」「近世」「近現代」の「通史」と「資料編」を取り寄せて読みます。「民俗編」なども参考になります。「古代」や「統計編」などは不要です。

◆遠くの地にある「市町村史」を取り寄せるには？

遠く離れた地の「市町村史」は、図書館間相互貸借サービスを利用して、地元の図書館を通じて取り寄せます。

申し込むときには、次のことに注意しましょう。

・あらかじめ、取り寄せたい「市町村史」を確認しておくこと

・取り寄せを依頼する冊数は、図書館員に相談すること

図書館間相互貸借サービスは、依頼する図書館が郵送料などの費用を負担しています。図書館は、予算削減により、一度に何冊もの取り寄せには難色を示します。

・貸し出した図書館がその本を「貸出禁止」に指定している場合は、取り寄せた本は図書館での閲覧のみで、借り出して持ち帰ることができないので、注意すること

◆「市町村史」をどう読む？

「市町村史」を読むとき、どのようにして家系の役に立つ情報を取り出せばよいのでしょうか？

美々が取り寄せようとしている「板田町史　板田町教育委員会」を参考として見てみましょう。

『板田町史』は、上巻（848ページ）・中巻（925ページ）・下巻（1100ページ）の3巻です。

『板田町史』の目次は、次のページの通りです。

▯で囲んだ章が、重要な箇所です。

『板田町史』の目次

第2編　板田町の自然（上）
- 第1章　板田町の生物的環境
- 第2章　植物
- 第3章　哺乳動物
- 第4章　鳥類
- 第5章　両生類・爬虫類
- 第6章　魚類
- 第7章　節足動物
- 第8章　軟体動物など
- 第9章　村内の生物関係の資料について

第3編　板田町の村民生活（上）
- 第1章　昭和時代（戦後）の生活
- 第2章　昭和時代（戦前）の生活
- 第3章　保健衛生

第4編　板田町の交通・通信
- 第1章　村の古道・旧道
- 第2章　村の橋

- 第2章　人の一生
- 第3章　年中行事

第4編　板田町の教育（上）
- 第1章　寺子屋での教育
- 第2章　戦前の学校教育

第5編　板田町の文化
- 第1章　文学
- 第2章　ジャーナリスト
- 第3章　美術・工芸
- 第4章　音楽
- 第5章　書道
- 第6章　演劇・民謡・手踊り
- 第7章　医学
- 第8章　学術研究
- 第9章　宗教
- 第10章　スポーツ

- 第2章　村の灌漑用水
- 第3章　板田町のコメ
- 第4章　板田町のりんご
- 第5章　板田町の独創的農業人
- 第6章　板田町の商工業

第5編　板田町の村民生活（下）
- 第1章　神社と寺
- 第2章　村の民間信仰
- 第3章　板田町のカミサマとイタコ

第6編　板田町の教育（下）
- 第1章　戦後の学校教育
- 第2章　県立柏木農業高等学校板田分校

第7編　板田組垂柳代官所文書抄

□で囲んだ箇所に目を通す際の注意点は、次の通りです。

・住民の家系に関する記述がある可能性の高い、近世（江戸時代）と近代（明治・大正時代）は、念入りに調べること
・調べている苗字があれば、関係が不明であってもコピーを取ること
・同様に、調べている村名や小字名が出てきたら、コピーを取ること
・記述中に別の文献や古文書名が出ていたら、所蔵先を調べてみること
・先祖の名が出てきていないか、注意深く探すこと
　先祖代々同じ名前を襲名（名前を丸ごと継ぐこと）することなどが多々あります。
　例：美々の先祖は「松之助」という名を襲名していました。
　例：著者・渡辺宗貴の先祖は「荘」という文字を世襲していました。
　先祖と同名や同じ文字を使用している人物がいた場合、先祖かもしれません。関係が不明であっても、コピーを取りましょう。
・先祖が住んでいた村の記述は、すべてコピーを取ること
　たとえ先祖の記載がなくとも、暮らしぶりが想像できます。

・少しでも気になる箇所があれば、コピーを取ること
例えば、村の有力人物や村内地図など。取り寄せた「市町村史」はいったん返却すると、なかなか再び読めないからです。目次も必ずコピーを取りましょう。
・お寺や神社の項目は、コピーを取ること
・表紙と奥付《おくづけ》（本の巻末にある、著者名・発行者名・発行年月日・定価などを記載した部分）は、コピーを取ること
文中に出てきた古文書類の所在を尋ねることができるよう、特に刊行機関や執筆者は後から見てもわかるようにしましょう。

コラム　どうやって資料を探し出す?

資料を探すには、都道府県立図書館のホームページの蔵書索引をしたり、最寄りの図書館窓口に相談したりします。

また、先に紹介した『角川日本地名大辞典』と『日本歴史地名大系』の巻末には、それぞれ相当量の郷土文献が紹介されています。その大半は、地元図書館に所蔵されています。その中から、気になる文献を調べてみましょう。

それ以外にも、資料を探す方法があります。

それは、『国書総目録』や『系図文献資料総覧』などの目録を見てみることです。

『国書総目録』は、全国の図書館や資料館、公文書館に所蔵されている古文書の総合目録です。これは、各都道府県立図書館や市立図書館にたいていあります。この辞典は、五十音配列で全国に所蔵されている系図や家譜が膨大に収録されています。

また『系図文献資料総覧』(丸山浩一編・緑蔭書房)には、全国の図書館や東京大学史料編纂《へんさん》所、国文学研究資料館などに所蔵されている系図史料や苗字・家紋・家系に関する書籍、雑誌記事などが収録されています。

こういう目録から、調べてみたい資料や文献を見つけ出し、読んでみましょう。

1冊の郷土誌を読むと、それを執筆するために使われた文献や資料名がいくつも見つかります。

次は、それらを調べるのです。そうして、次から次へと調査の範囲を広げていきます。

「図書館レファレンス」を使いこなす

◆資料が多いなら、「レファレンス」の利用を

「調べたい資料はたくさんあるけど、そのすべてはとても取り寄せられない！」

資料の取り寄せには、冊数の限度がありますから、当然起こる事態だと思います。

そういった場合、図書館の「レファレンス」を利用しましょう。

「レファレンス」とは、図書館が郵便・メール・FAXによる問い合わせに応じることです。

書籍名がわかっている場合は、その本に先祖のことが書かれているかどうかを調べてもらい、記述がある場合はコピーを送ってくれるように依頼できます。先祖の住んでいた土地の図書館に、依頼を記載した手紙（または、メール・FAX）を送ります。

依頼する図書館は、市町村立図書館より、規模の大きい都道府県立図書館の方がよいでしょう。都道府県立図書館には県下の郷土資料が集められており、郷土誌の取り扱いに慣れた司書もいます。

ただし、地元の小さな図書館の方が親切に対応してくれたり、その図書館にしかない地元の文献があることもあります。

◆依頼の仕方

図書館に調査を依頼するときに注意するポイントは、調べてもらいたい書名を指示することです。

「家系を調べているので、資料を調べてほしい」という、漠然とした依頼の仕方では司書も戸惑います。具体的にどの本を調べてほしいのかを確定しておきましょう。

調査依頼の文例は、次の通りです。

美々の葛西家を例にします。

美々の場合は、県立・市立図書館にない『板田町の生い立ち　板田町役場』という文献が地元板田町立図書館にあることが蔵書検索でわかりました。

板田町立図書館　郷土資料担当者殿

前略
突然このような手紙を差し上げる失礼をお詫び申し上げます。

私は北海道札幌市在住の葛西 美々（かさい みみ）と申します。

私は現在、わが家の歴史を趣味で調べております。

除籍簿によって私の先祖が昔、青森県南津軽郡飯柳村（現青森県北津軽郡板田町飯柳）に住んでいたことが判明しました。


つきましては、さぞかし日々の御業務でお忙しいこととは存じますが、下記の書籍に葛西家のことが記載されておりましたら、コピーをお送りくださいますよう、お願い申し上げます。

【知りたいこと】

昔、青森県南津軽郡飯柳村に住んでいた葛西家の家系や経歴について。
※古い戸籍と家系図を同封させていただきます。
飯柳村の歴史や住民の記録、古文書の所蔵先、お寺や神社について。

【お調べいただきたい文献】
『板田町の生い立ち　板田町役場』

この文献に葛西家や飯柳村の記述がありましたら、お手数でもコピーをお送りください。表紙・目次・奥付も合わせてお願いいたします。

また現在、私が調べたのは『青森県史』『南津軽郡史』『板田町史　板田町教育委員会』です。他にお気づきの文献がありましたら、お調べください。

コピー代や返送料につきましてはわかりませんので、大変お手数ですがご連絡ください。折り返し急送いたします。

本当に御面倒なことをお願い申し上げて恐縮とは存じますが、何分にも遠方のため御力添えを賜りますようお願い申し上げます。

敬具

平成30年10月20日

葛西　美々

北海道札幌市清岡区上野幌○条○丁目○○番○号

自宅　○○○－○○○－○○○○

携帯　○○○－○○○○－○○○○

・返信用の封筒は必要ありません。

・古い除籍簿の1枚目のコピーや簡単な家系図を添付すると、司書の理解を助けます。

著者や編纂者に質問するのも「有」

◆「市町村史」の著者に質問してみる

「市町村史」の編纂は、市町村の教育委員会に設置される「○○市史編纂委員会」などで行われます。市町村内の旧家から、さまざまな古文書が編纂委員会に集められます。

その資料の一部が「市町村史」に利用され、編纂委員会は市町村史の編纂が終了すると解散となりますが、作業に関わった人は教育委員会に残っているかもしれません。

また、著作物の奥付には、著者の住所が記されています。

自分の調べたいことについて手紙を書いてみましょう。

郷土誌の著者の多くは、その土地の元教員や大学の教員です。そういう人たちは、質問に答えたり、歴史を解説したりするのが好きで、返事を送ってくれる可能性があります。

さらに、最近はインターネットでも苗字や家系の情報が溢《あふ》れていますので、そういう**サイ**

トを運営している人に質問するのもよいでしょう。ただしネットの場合、相手の知識レベルが判断しづらいので、回答を鵜呑《うの》みにするのは少々危険かもしれませんが。

◆古い資料なら、公文書館や教育委員会に

戦後に相次いで建設された、各地の市立や都道府県立の「公文書館」には、主に次の資料が保管されています。

・その地域の「市町村史」編纂の過程で発見された古文書
・図書館が所蔵していた古文書
・都道府県庁の総務部などが保管していた、明治以降の公文書

その中には、江戸時代の戸籍「宗門改帳《しゅうもんあらためちょう》」などの村方文書《むらかたもんじょ》（近世の村で作成された文書類の総称。日記や絵図なども含む）や明治初期の旧土地台帳、教職員の名簿や辞令、国有未開地の払下文書、選挙人名簿、旧藩の記録、徴兵記録などが大量に含まれています。

壬申《じんしん》戸籍の副本など、市民に閲覧させない文書は、あらかじめ公開している資料目録から除いているため、資料の全貌を把握できないことがあります。

◆公文書館に資料があった場合の注意点

古文書は紙の劣化を防ぐため、**電子式コピーが不可の場合がありますので**、注意してください。

その場合は、自分で出向いて写真撮影するか、公文書館指定の業者に撮影を依頼（撮影代金は、1万円以上かかることがあります）することになります。自分で地元の便利屋さんを探して頼むこともできます。

◆教育委員会や公文書館、あるいは著者への尋ね方

例えば美々の場合、葛西家の住んだ「飯柳村」の地名辞典の記述に「太田家文書」なる文書名が出てきました。この文書の所在を調べるには、教育委員会や公文書館、あるいは著者に以下のように問い合わせる方法も考えられます。

先祖調査のため、かつて先祖が住んだ「飯柳村」について調べています。添付した『角川日本地名大辞典』『日本歴史地名大系』に記載されている「太田家文書」のよう

な古文書類や「宗門改帳」などが、どちらに所蔵（あるいは活字化された文献）されているかご存じないでしょうか。

地元の個人の方の所有でしたら、その所有者様をお教えいただけますでしょうか。

また、郷土誌の作成に関わった方など、地元の歴史に詳しい方のご連絡先などもおわかりでしたら、お教えいただけますでしょうか。

※最後の一文は、著者に対しては不要。

コラム

戸籍以上の調査のパターンと難易度

「武士だったら調べやすい?」「農家だったら調べるのは無理?」などと、よく聞かれます。

確かに身分の高い武士であればあるほど資料が残っていることが多く、調べやすいのは事実ですが、一概にそうとも言えません。

武士でも、所属藩の規模や資料の残存状況、位などで、調査難易度は大きく左右されます。

例えば、幕臣（江戸の武士）の資料は、江戸城が焼けた際に大量に焼失しています。また、大きな藩で多くの資料が残されていたとしても、大量の資料の中から先祖の記録を探し出すのが難しいケースも考えられます。藩政資料に頼れなければ、武士の調査はかなり難しくなります。

逆に庶民の場合。庶民で一番調べやすいのは、江戸時代に平均的な規模（おおよそ30～50戸程度）の村で、代々農家の家系で、その村にあるお寺も1～3カ寺で菩提寺候補が絞りやすく、現在住む同姓が5～15軒程度のケースです。

経験上7割程度の家系は、このような調べやすい調査に当たります。美々の場合も、ほぼこのケースに当てはまります。

農村地で少し難しいのが、全く同姓がいなかったり、逆に数百戸の大きな村で同姓も100人以上いたりするようなケースが考えられます。

また、城下町や町場で、人も多く人の移動も多くお寺も多い場合は、同姓のアンケートも難しく、地元の郷土資料などで手掛かりを見つけないと、調査は難航するかもしれません。

どのケースでも、客観的に調査方針を立て、優先順位をつけ、できることから進めましょう。

第四講

◆

お墓や菩提寺、家紋を調べよう
——本格調査②「人からの情報収集」

美々《みみ》は、最後の家系図講座を前に少し気落ちしていた。
前回の講座にて行った、図書館の蔵書検索でわかった郷土誌の『板田町史《いただ》
板田町教育委員会』『弘前《ひろさき》藩庁日記から見た板田町の歴史　板田町文化財研究会』『板田町の生い立ち　板田町役場』は、すべて取り寄せて読んだ。
コピーを取り、マーカーを引いてある。

・飯柳《いいやなぎ》村は、岩木川中流の右岸に位置する村落で、弘前藩津軽氏の領地。
・住んでいた住人には、戦国時代（1467〜1568　※始期・終期には諸説あり）から同地の近くにいた者と、富山県砺波《となみ》地方（現在の富山県砺波市）あたりから移り住んだ者がいた。
・農業の割合は、ほぼ水田と畑作が半分ずつで、土地の豊かさは「中」。
・産物は、米の他に藍葉《らんよう》・大豆・菜種など。

先祖が住んだ村の歴史についてはかなりわかり、興味深かった。郷土誌の内容がすべて理解できたわけではないが、飯柳村の歴史を通じて先祖の生活

の様子をうかがい知ることは少しできた。分厚い郷土誌を読むのは大変だったが、いつ自分の先祖が出てくるかとドキドキしながら読んだ。

やっと飯柳村の「葛西《かさい》」の記載が見つかった。

だが、それはとても残念なものであった。

【飯柳村の旧家】

飯柳部落は現在戸数百五十戸ほどで、太田氏が六十五戸と最も多く、次いで葛西氏、野呂氏、千葉氏の順となっている。四〇〇年ほど前に植えられたと思われる飯柳神社の八千代杉などから、そうとう早くから人が住していたと考えられるが、住民に関する史料は残っていない。

要は、葛西家は村の旧家の一つであったが、残念ながら、その記録は残っていないということだろう。……がっかり。

颯爽《さっそう》と筧《かけい》先生が入ってきて、最後の講座が始まる。

まずは、受講者の進み具合を確認する筧先生。

進み具合はさまざまだ。郷土誌を取り寄せるところまで進んだが、まだ届いていなかったり読み切れていなかったりする人が、数人。ちょっと遅れて基礎調査途中なのが、3割。やっと一番古い戸籍にたどり着いたのが、3割。まだ戸籍の請求中だったり、挫折《ざせつ》していたりが、3割。

今日までに郷土誌調査をすべて終えて講座に臨んだのは、美々だけだった。

ちなみに、講座全体の人数は全く減っていない。進み具合がどうであれ、挫折していようと、筧先生の講座はみんなを引き付けている。

「葛西君。……素晴らしい調査だね。よく頑張ったね」

「はい。大変でしたが、楽しかったです」

褒《ほ》められた。結果は、がっかりだが……。

「素晴らしい成果だよ」

「はい。でも記録が残っていないって……」

「それでも、素晴らしい成果なんだ」

家系調査とは、調査の限界点を知ること。「記録がない」ということを知るのも、大きな成果。

「一歩前進と受け止めよう。限界点を知れば、あきらめることもできる、次の方針を考えることもできる。次に進めるんだ」

美々の目からポロリとうろこが落ちた。もちろん比喩《ひゆ》だが。

筧先生に後光が差した気がした。西日が入っただけかもしれないが。

成果がないことも成果……次に進める……一歩前進……美々の中にこの先の人生のために大事な何か、細いが折れない芯《しん》のような何かが通った気がした。少し背筋が伸びた。


次いで、美々の集めた資料を見て、次段階の調査を補足してくれる。

「郷土誌によると、飯柳村の住民は、元からこの地にいた人と、富山県の砺波地方から来た人がいたのか。葛西君の家はどっちだったんだろうね？

少し葛西家のルーツについて下調べをしてきたよ」

『津軽藩祖略記』や『日本城郭大系《にほんじょうかくたいけい》』（新人物往来社　※絶版）といったなんだか難しそうな資料を手にしながら筧先生が言う。筧先生は、毎回受講者の進み具合に合わせて、何かしらの資料を用意してきてくれる。

「北上して青森に住み着いた葛西家を、『津軽葛西一族』と呼ぼう」

津軽葛西一族……カッコいい響きに、美々はわくわくしてきた。

「津軽葛西一族の中には、江戸時代になり津軽藩（弘前藩ともいう）の殿様津軽氏に仕えて津軽藩士となった系統と、戦国時代に滅ぼされて農民となった家系があったと思われる」

そうなんだ？　なんでわかるんだろう？

「まず、津軽藩士には多数の葛西姓の武士がいます。これは『津軽史』といった文献に記載された津軽藩の分限帳（藩士名簿）で確認できます。その多くは津軽葛西一族と考えるのが自然でしょう」

プロジェクターに津軽藩士の分限帳が映される。

「また、歴史人口学などの研究により、江戸時代の農民の多くは戦国時代に敗れた武士の子孫か一族といわれています。だからこそ、葛西家が北上し勢力を誇った東北に現在、葛西姓が多いのでしょう」

覧先生は、プロジェクターを操作しながら話を続ける。

「飯柳村の葛西家は、かつて飯柳村近辺に拠点を構えた戦国武将の子孫や一族が帰農して、その地に住み着いた末裔《まつえい》じゃないかと思うんだ。そこで、飯柳村近辺に戦国武将が拠点を構えた城がないか調べてみました」

各地の城郭研究者や歴史家が執筆した『日本城郭大系』という資料によると、戦国時代、飯柳村とそう遠くない場所に、大光寺《だいこうじ》城という城があったという。現在も、青森県平川市大光寺という地名が残っている。

続いて、『津軽藩祖略記』という資料がプロジェクターに映る。

大光寺城主伊予守《いよのかみ》葛西頼清《よりきよ》は葛西清重《きよしげ》の裔《えい》……

「すなわち、飯柳村のすぐ近くの大光寺城に、葛西姓の始祖・葛西清重の子孫に当たる葛西頼清という戦国武将がいたんだ」

さらに別の資料が映される。

天文二（1533）年、石川高信《いしかわたかのぶ》・大光寺城主伊予守葛西頼清を襲ひて之《これ》

を滅ぼす……

「石川高信とは、戦国時代の南部藩《なんぶ》（盛岡藩）の武将だ。もしかすると、大光寺城が攻め落とされたとき、葛西頼清の子孫や一族が飯柳村に逃れて農民になった家系が君の葛西家かもしれないな」

当時の城や藩に着目する調べ方があるのか……。

「葛西君の家には、『家老』という聞き伝えがかすかに残されていたようだ。江戸時代は武士ではなかったようなので、江戸時代の津軽藩の家老ではなかっただろう。津軽藩の分限帳にも葛西姓の藩士は多数見えるが家老に葛西氏はいないようだ。

だが、江戸時代以前は大光寺城主、あるいはその近い一族で家臣だったとしたら、もしかすると聞き伝えはこのことを指しているのではないだろうか？」

と、筧先生は言う。

「聞き伝えが、必ずしも正しいとは限らない。だが、聞き伝えには、必ず何かしらの真実が含まれている。城主あるいはその『家臣』というのが長い年月の間に形が変わってしまうこともあるだろう」

「城主」あるいはその「家臣」がいつの間にか「家老」に……。

筧先生の話はさらに続く。美々は夢中でメモを取る。


「もう一つ。葛西君が調べた郷土誌によると、飯柳村には富山県の砺波から移り住んだ家もあるというから、そちらである可能性も考えないとな」

なんで富山から青森の飯柳村に移り住んだ人がいるんだろう？　そもそも江戸時代は、通行手形がなければ関所を通れないなど、人の移動に制限があったという話だったが。

「『欠落《かけおち》』っていうんだ。要は、夜逃げに近いものなんだ」

江戸時代、富山県は加賀藩（金沢藩）前田氏の領地。年貢が重く、領民の欠落が相次いだという。そして欠落には、手引きをする者がいたという。

「例えば、欠落の例として富山県砺波地方から福島県の相馬《そうま》へ逃れたというルートがあるのは、公的文書には残っていないが、富山の歴史研究家の間では有名な話なんだ。砺波地方から青森への欠落は初めて聞いたが、もしかすると何かしらのルートがあったのかもしれないね」

いかに人の移動に制限があろうと、すべての人々を完全に管理下に置けるわけではなかった。逃げ出す者もいればそれを手引きする者もいた。逃亡先を領地としている藩にとっても、労働力が増えるメリットがあるので、黙認されていた面もあるのだろう。

歴史の裏舞台のような話に、みんな引き付けられる。

「飯柳村の葛西家が砺波から来た家系である可能性があるかどうか？ちょっと考えてみよう」

まずは飯柳村に数多くの葛西家がいることから、葛西家が古くからこの地に住んだ家系であることは間違いない。

「古くから住んで分家を繰り返さないと、これほどの数にはならないだろうからね。欠落で後からこの村にやってきた家であれば、これほど村内で勢力を持つことは難しいだろう」

ということは、飯柳村の葛西家が欠落で富山からやってきた可能性はかなり低いと考えられる。

「だが、もう一つ考えなければいけないのが、この地に古くから住んだ葛西家とは別に、偶然同じ苗字の葛西家が欠落してきたという可能性だ」

同じ村内で同じ苗字でも、ルーツが違うことはたまにあるという。その場合は互いに別の伝承を持ち、別の家紋を使い、別の菩提寺《ぼだいじ》を持つなどが起こり得る。

「その可能性があるものか、まずは砺波地方に葛西という苗字があるかどうかを見てみよう」

電話帳ソフトで、富山県の葛西姓の数を確認する筧先生。

「富山県の砺波地方にも、多くはないがある程度の数の葛西家がいるようだ」

富山県砺波地方にも葛西という苗字がある……ということは、砺波地方の葛西家が飯柳村に欠落してきた

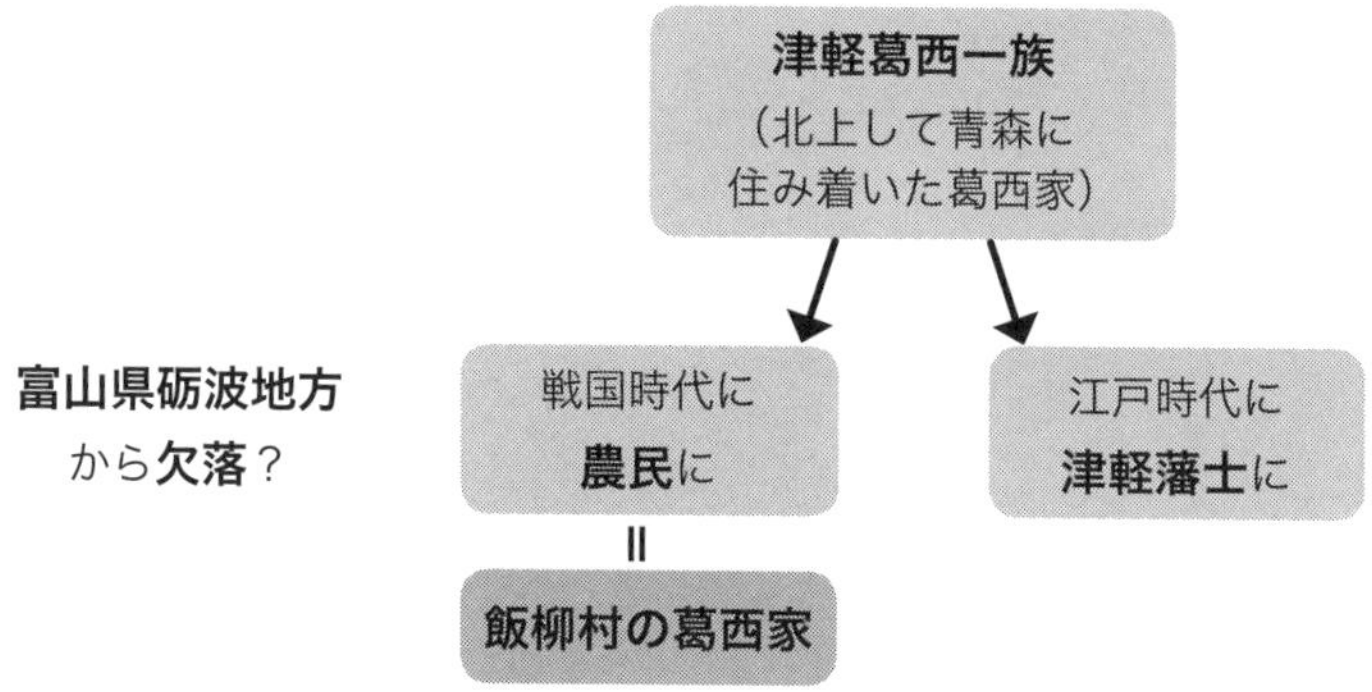

飯柳村の葛西家は、どこから来た?

可能性もゼロではないということだ。

富山県の葛西家のルーツを知るには、また別途調査が必要だという。

「これを知るには、砺波地方の苗字辞典や郷土誌で葛西姓について調べたり、場合によっては、富山にある葛西家にアンケート調査を行ったりすることだね」

そんな調べ方もあるのか……。

「だが葛西君の場合は、その前に飯柳の葛西家にアンケート調査を行って、お寺やお墓を聞くと同時に、地元の伝承を聞くのがいいかもしれないね」

地元に、「大光寺城主葛西氏の末裔」という聞き伝え、あるいは「富山から来た家系」という聞き伝えが残されていないか？

その後、美々以外の受講者への個別アドバイスを挟み、最後の講座へ。

今日は、本格調査の2回目。

本格調査②「人からの情報収集」

(1)詳しくは、205ページの「同姓へのアンケート調査をしよう」を参照。

(2)詳しくは、211ページの「菩提寺への『過去帳』調査&墓石調査」、217ページの「菩提寺・過去帳・戒名・墓石の知識」を参照。

・同姓へのアンケート調査(1)
・菩提寺への「過去帳」調査(2)
・墓石調査(3)

最後の家系図講座は、滑らかに進む。いつものように必死にメモを取る美々。

「これから行う調査は、今までのように戸籍を取り寄せたり、郷土誌などの文献を読んだりという調査とは全く変わってきます」

特に知りたいことは、三つ。

「家紋(4)」

「菩提寺」

「お墓」

……美々の家はどれもわからない。

「その他に、地元でのルーツの伝承なども聞きたいところです。

このようなある家の個別で具体的な家系の情報は、郷土資料のような文献

(3) 詳しくは、215ページの「お墓の所在を確認し、墓石からも先祖情報を得る」、217ページの「菩提寺・過去帳・戒名・墓石の知識」を参照。

(4) 詳しくは、223ページの『家紋』を知って、先祖のルーツを確定しよう」を参照。

に記載されることは少ないです。地元の同姓の方やお寺から情報を求めなければなりません」

この先は、人が頼りで、相手あってのこと。郷土誌調査以上にやってみないとわからない調査だという。

「さかのぼることに関して一番いいケースは、本家やお寺に『過去帳』があり、350〜400年前の江戸時代初期まで判明というケース」

もっといいのが、地元に当家の江戸時代以前の具体的なルーツの伝承……「源平藤橘」のいずれかであるなどが残されていて、1000年以上前まで判明するケースだという。

「例えば、葛西さんの場合だと……」と例に挙げる。

「板田町飯柳34軒の同姓の方にアンケートを送った結果、協力していただける同族が見つかり、本家や菩提寺、お墓が判明し、『過去帳』も見せていただける。

そのうえでさらに、『飯柳の葛西家が大光寺城主葛西氏の末裔だった』とか、あるいは『富山から飯柳に来た』などという具体的な伝承が判明すると、さらなる調査が可能になるかもしれません」

もしそうなれば、先ほども聞いたように大光寺城主葛西氏のルーツを調べたり、富山県の同姓の方に改めてアンケートを送り伝承を尋ねたりするなどの方法が考えられるという。

「これが一番いいケースで、場合によっては、1000年さかのぼれる可能性が出てきますが、いろんなケースが考えられます」

アンケートを送った相手が全面的に協力してくれることもあれば、そうでないこともあり得る。

「またご協力いただけたとしても、菩提寺や本家は確定できたが、『過去帳』やお墓は消失していないというケースもあり得ます。地元の伝承が残っていなかったり、曖昧《あいまい》になってしまったりしていることもあるでしょう」

覚先生がレジュメをもとに具体的なアンケート内容や注意点を教えてくれる。最後の講座が終わりに近づく。

この先の調査では、1000年前まで、ほとんど空白なく直系の人物が埋まる可能性もある。すべての空白が埋まらず、一部空白になる場合もある、全く何もわからないこともあり得るという。

「とにかく礼を尽くして尋ねることです。

心配なのが、戸籍に保管期限があったように、人からの情報集めも〝時間との勝負〟という側面があります」

古きを知る方がだんだん少なくなっている[5]からだ。

「家系調査は、普段の生活に必要ありません。あってもなくても困りません。急ぐ理由はなく、気になりながら後回しになりがちです。

ですが、この機会に『やれることはすべてやってみる』と思われた際は、なるべく早く動きましょう！

皆様、お疲れさまでした！」

ご年配男女の柔らかい拍手の中、美々も拍手しながら、「はい！　この機会に動きます！」と思った。

これで終わりか……さみしいな。

(5) 詳しくは、第二講140ページのコラム「戸籍以上の調査のパターンと優先順位」を参照。

「それでですね。この先も調査は続きます。まだ戸籍を取っている途中であったり、資料集めの途中だったりする方もいます」

⁉　筧先生が語り掛けるように話し始めた。

まさか？

「もしよかったら、補足講座を行いましょう。今が11月。来年の2月くらいがいいかと思いますが、いかがでしょうか？」

当然、満場一致。

・・・・・・・・・・・・・・・・・・・・・・・・・・

講座終了後、素直な美々は、そのまま講座室に残り、かつて同族であったであろう飯柳の葛西家への手紙を、筧先生からもらった見本文を見ながら書き始めた。

拝啓

初冬の候、いよいよ御清祥のこととお喜び申し上げます。

この度は、このようなお手紙を差し上げた失礼をまずは深くお詫び申し上げます。

私は、昔、青森県南津軽郡飯柳村（現青森県南津軽郡板田町飯柳）に住んでいた葛西家の子孫、葛西 美々（かさい みみ）と申します。

北海道に移住し、新しい地での暮らしを模索することに専念する毎日だったため、ご先祖様を顧みる精神的な余裕もありませんでしたが、それから何年もの歳月が流れ、代も変わり、近ごろは、折にふれてご先祖様を供養したいという思いが強くなってきました。ですが、残念なことに、ご先祖様が住んでいた青森県での菩提寺もお墓もわからない状況となってしまいました。

そこで、板田町飯柳在住の葛西姓の方の中には、当家とルーツを同じくする方もいらっしゃるのではと考え、皆様にお力をお貸しいただきたく、このようなお手紙を差し上げた次第です。

この手紙を送るに当たり、ＮＴＴの電話帳から板田町飯柳在住の葛西姓の方を探してお送りしているため、同じ葛西姓でも全く関係のない方にお送りしているかもしれません。また、近い親族様にもお送りしてしまっているかもしれません。その点、何卒ご了承くださいますようお願い申し上げます。

大変不躾な申し出とは存じますが、葛西家について、どんな些細なことでもよろしいので、どうか教えていただけないでしょうか。

現在わかっている先祖の氏名は次の通りです。

本籍地：青森県南津軽郡飯柳村五十五番戸
初代　葛西松之助　生没年不詳

2代　葛西松之助　天保7年1月10日生
　　　　　　　　明治30年1月14日没（飯柳村にて没）
3代　葛西権八郎　弘化4年1月1日生
　　　　　　　　大正11年8月12日没（飯柳村にて没）
4代　葛西綱次郎　明治9年1月25日生　※大正7年北海道阿寒村雄別に転籍
　　　　　　　　昭和19年9月5日没（北海道阿寒村雄別にて没）

私が葛西の子孫であることの証に、古い戸籍と家系図を同封いたします。どうか、お手数とは存じますが、別紙のアンケートにお答えいただけますようお願い申し上げます。

なお私がご先祖様に関心を持ったのは、あくまでも先祖供養と自分のルーツを知りたいという個人的なものであり、お答えいただいた内容につきましては誓って他言はいたしませんし、皆様にご迷惑をかけないことをお約束いたします。

最後までお読みいただきまして、本当にありがとうございました。大変ご無礼な手紙、お願いであることは、重々承知しているつもりでおります。何卒、ご理解くださいますようお願い申し上げます。

文末ではありますが、皆々様のますますのご発展をお祈り申し上げます。

敬具

平成30年11月20日

葛西 美々

北海道札幌市清岡区上野幌○条○丁目○○番○号

自宅 ○○○―○○○―○○○○

携帯 ○○○―○○○○―○○○○

ご回答書

おわかりになる範囲でお教えください。

古い時代のことですのでおわかりにならないということも重要な情報です。家紋だけでもお教えいただけると非常に助かります。何卒よろしくお願いいたします。

（1）家紋を教えてください。

（2）菩提寺の宗派・名前・住所を教えてください。
※ぜひお墓参りをしたいと考えています。差し支えなければ、お墓の場所もお教えください。私の家の現在の宗派は曹洞宗（禅宗）ですので、板田町の「竜渕

寺」「慶峰寺」「直指院」のいずれかではないかと思うのですが。

（3）私の先祖である以下の人物の名を聞いたことはありませんでしょうか？
「葛西松之助」「葛西権八郎」「葛西綱次郎」

ご記入者　芳名

同封の封筒でご返送くださいますようお願い申し上げます。
お電話・FAXでも結構でございます。

自宅　〇〇〇―〇〇〇―〇〇〇〇
携帯　〇〇〇―〇〇〇〇―〇〇〇〇
FAX　〇〇〇―〇〇〇〇―〇〇〇〇

何卒よろしくお願い申し上げます。

同姓へのアンケート調査をしよう

◆同姓に家系情報を尋ねる

先祖が住んだ地と縁が切れて久しい場合、あるいは、菩提寺やお墓がわからなくなっている場合、同姓にアンケート調査をすることが重要です。

先祖が住んでいた村に現在も住んでいる同姓の家に対して、「家紋・菩提寺・家系に関する口伝・当家の先祖を知っているか」と、家系情報を問い合わせましょう。

アンケートに返事をもらえれば、菩提寺と家紋はかなりの確率で判明します。地元へ行かなければわからない情報も多々判明します。

知らない方へ手紙を出すのは、勇気がいり、心理的ハードルがあると思います。どのくらいの方が、まともに返信してくれるのか不安に思うでしょう。

しかし、**返信率は、結構高いです。**30軒出せば5軒ほど、多いときは10軒近く返信があります。5軒あれば、1軒くらいは積極的に協力してくれます（役所・お寺に聞いてくれる方も多いです）。

また、返信が1軒でも、多くのこと（家紋・お墓・菩提寺など）がわかることがあります。

返信時期は、早い人は即日に返してくれます。1～2カ月待つことが多いです。時には一年以上経ってお返事をくださる方もいます。

◆何軒くらい送る？

同姓の家へのアンケートは、本籍地に同姓の家が1～50軒固まっていれば、全部の家に送ります。50軒以上ある場合は本籍地に近いところから送ります。

固まっていなければ、5～10軒になるまで、町、市、県と広げていきます。全国で100軒以下の少ない苗字の場合はすべてに送ってしまうのも手です。

◆質問は三つまで

手紙に同封するアンケートの質問は少なめにします。

アンケートの質問の基本は、次の3点です。

1. 家紋をお教えください。ちなみに、私の家は○○（家紋名）です。

2. 菩提寺の宗派・名前・住所をお教えください。

3. 私の先祖である○○○（除籍簿の最初に出てくる先祖の名前）の名を聞いたことはありませんか。

この他にも、墓石の所在や「過去帳」の内容、位牌《いはい》の有無、先祖の職業や口伝など、質問したいことは多々ありますが、まずは必要最小限のことを尋ねて、返答をもらい、関係を結ぶことに主眼を置きます。

◆返信率を上げるコツ

・自分の住所と氏名・切手を貼った返信用の封筒を入れる。

こちらがお願いしているわけですから、当たり前ですよね。忘れないように同封しましょう。

・封筒の宛名には、「ご家族様へ」と入れる。

電話帳に氏名の記載があっても、すでに存命でないことがあるからです。宛先不明で、5％ほど返ってきます。

家族宛にしていれば、お子様や奥様が返信してくださることが非常に多いです。

・除籍簿をもとにした簡単な家系図を同封する。

相手の理解が深まり、興味を持ってくれやすくなります。

・手書きで送る方がよい。

手書きの方が誠意が伝わります。もちろん、軒数が多いときは、パソコンでの印刷でも構いません。パソコンでの印刷の場合は、別途1枚手書きの便せんに一言添えるのもよいでしょう。

・「名刺」や「家族の写真」などを同封する。

この手紙を受け取った相手がまず考えることは、「なぜ今ごろ先祖のことを探りたいのか」という疑問です。「面倒なことに関わりたくない」という心配もよぎります。

それらの不安を完全に払拭《ふっしょく》することは不可能ですが、相手がこちらを信頼し、親しみや興味を抱いてくれれば、返答率は高まります。

・おしゃれな封筒を使ったり、記念切手を貼ったりする。

小さなことですが、こういった気配りは、一読して捨てられる確率が若干低くなるような気がします。

◆返信がない、または手掛かりがないときは…

それでも、返信がない場合は、次のことを参考にしてみてください。

・約1カ月後に再度、送る。

・先祖の本籍地周辺の同姓から、少しずつ送付する範囲を広げてみる。

また、

「返信はあったけど、家系についての手掛かりが書かれていない！」

そんなときは、次のことを参考にしてください。

・先祖とほぼ同じ番地に住んでいる家があれば、たとえ苗字が違っても送付してみる。

・先祖の姻族の実家（嫁の実家や養子の生家。つまり、調べている姓とは違う姓）とその同姓の家に送る。

手紙で同族を探す調査は、家系を調べるうえで大変に重要です。粘り強く、繰り返し行う覚悟が必要です。

コラム

同姓や菩提寺への電話や訪問はOK？

ピックアップした同姓の家には、まずは手紙を送るのがよいでしょう。

もちろん中には、初回の電話や訪問でもじっくり話を聞いてくださり、ご協力くださる親切な方もいるかもしれません。

ですが、今の時代に見知らぬ相手からの突然の電話では、警戒されて、すぐに電話を切られる可能性があります。

一度拒否されると、再度尋ねるのはさらに困難です。

まずは、相手先の警戒心を解くためにも、丁寧な手紙を送ってみましょう。

美々が書いた手紙（198ページ）を参考にして、自分流にアレンジしてください。

いきなりお寺を訪問するのもNGです。

突然地元の寺院を訪ねて、先祖の菩提寺だったかどうかを尋ねることは、絶対にやってはいけません。

「過去帳」を調べるのはなかなか面倒なことなので、断られることが多いです。手土産を持っていっても、住職は菓子折りをもらい慣れているので、菓子折りの受け取りを拒否されることもあります。

こちらも一度拒否されると、再度尋ねるのはさらに困難です。まずは、丁寧な手紙を送りましょう。

菩提寺への「過去帳」調査&墓石調査

親族候補の同姓へのアンケートによって菩提寺の候補が判明したら、次はその寺院に手紙を送りましょう。

◆お寺の「過去帳」調査で、1600年代までさかのぼれる

江戸時代（1603〜1867）はキリシタンが禁制だったため、「寺請制度」というものがあり、すべての日本人はどこかの寺院の檀家《だんか》でした。

「過去帳」は、寺院に必ず備え付けられている「死者名簿」で、「死亡年月日」「享年」「俗名・戒名（法名）」などが記載されています。過去帳が残っていれば「寺請制度」が始まったといわれる江戸前期・中期（約350年前）に亡くなった先祖まで探れることがあります。

◆お寺がわからない場合は？

アンケートによって菩提寺候補を知ることができなかった場合は、現在の宗派を参考にして、先祖の本籍地周辺の寺院のうちの数カ寺をピックアップします。

寺院の住所は、図書館にある『全国寺院名鑑』やインターネットを利用して調べましょう。小さな町村なら、役所や公民館に尋ねても教えてくれるかもしれません。

本籍地との距離関係については、インターネットの地図を利用するか、その都道府県の地図を見て判断してください。

◆神道の場合は？

神道の場合も、江戸時代は寺請制度によって仏葬が行われていましたから、1700〜1870年ごろまでの先祖については、寺院の「過去帳」を調べる必要があります。

神社にも、寺院の「過去帳」と同じ役割の神葬者名簿である「霊名簿」がありますから、神職や明治以降の神葬者を調べるときにはこちらを調査します。また、氏子の記録、寄進・奉納・参詣の記録等があることがあります。現在では宮司が常駐している神社が少なくなり、対応できないことも多いですが、神社の柱などに寄進者の名が彫られていることもあります。

◆アンケートの送り方

菩提寺へ送る手紙の文例は、同族への手紙とほぼ同じです。貴家を貴寺に変えるとともに左記を参考にいくつか文章を置き換えます。

そこで、大変に不躾な申し出とは存じますが、私の先祖が住んでいた土地にある〇〇寺様が、かつてのわが家の菩提寺ではないかと思っております。

日々のお勤めでさぞかしお忙しいこととは存じますが、改めて先祖の追善供養や、墓があれば墓石の改葬も考えておりますので、わが先祖が〇〇寺様に葬られているかどうかを「過去帳」でお調べいただけないでしょうか。

失礼とは存じましたが、図書券をお納めいただけましたら幸いです。

※図書券は、商品券でも可

・同姓から教えられた寺院に対しては、そのことを追記すること

「先に○○様へ手紙を送り、貴寺が菩提寺であると教えられました。○○家とわが家は同族ではないかと思われますので、手紙を差し上げた次第です。」と付け加えます。

ただし、○○様と名前を出してよいかどうかは確認しましょう。場合によっては、「地元の同姓の方に教えられました」などとするのがよいかもしれません。

・「過去帳」を調べてもらうお礼として、図書券や商品券を同封すること

金額についての決まりはありませんが、多すぎても少なすぎてもよくないので1000〜3000円くらいがよいかもしれません。状況から菩提寺と確定している場合は、今まで先祖を見守ってくれていたお礼も込め、5000〜1万円でもよいでしょう。

◆お寺へのアンケートの注意点

・先祖の没年月日《ぼつねんがっぴ》が重要です。

「過去帳」は、死亡した日付を手掛かりに調べるからです。

・期待通りに調査していただけないこともあります。

寺院の方針や地元の人との関わりなど、なんらかの事情で菩提寺が非協力的なこともあり得ます。大変残念ですが、相手の立場も理解するよう努めましょう。

◆返事が来て、いよいよお寺を訪問！

手紙の返事をもらい、寺院を訪問する際は、次のような対応がお勧めです。

- **手土産は、菓子折りではなく、石鹸《せっけん》や洗剤などの台所用品や入浴セットの方が喜ばれるようです。**
- **その寺院が菩提寺に確定しているときは、1万円程度の御布施《おふせ》を包みましょう。**
- **地元の同族にご協力いただける場合、菩提寺を訪問する際の案内を依頼しましょう。**

◆お墓の所在を確認し、墓石からも先祖情報を得る

菩提寺の捜索と同時に、墓石の所在を確認しましょう。

墓石は菩提の境内にあることが多いですが、地元の共同墓地にあったり、農村部では「屋敷墓《やしきはか》」などといって、屋敷の裏山や田んぼの畦《あぜ》や林などにあることもあります。同族や住職に尋ねてみましょう。

山の斜面などで、住民の「集合墓所」となっていることもあります。また江戸時代には必ずしも墓石が建立されたとは言い切れません。木製の卒塔婆《そとうば》で済ませることもありました。残念ながら、先祖のお墓が見つからないこともあり得ます。

先祖のお墓が見つかったら、墓石からも先祖の情報を得ます。

墓石には「俗名・戒名（法名）」「命日」「享年」などの情報が刻まれていますので、「過去帳」と同じような情報を入手することができます。

コラム

地元の公民館への問い合わせ

公民館は地域のコミュニティセンターであると同時に、昔をよく知る高齢者が集うため、昔の情報を集めるのに最適の施設です。

例えば、「ある苗字の本家は、どの家ですか」「旧〇〇村の家がよく使う寺院は、どこですか」「旧〇〇村の家々の墓所は、どこにありますか」というような質問に、答えてくれることがあります。

また、地名辞典や郷土誌を調べると、「〇〇家文書（〇〇家所蔵）」というように、地元のどなたかが所蔵していそうな資料が記載されていることもあります。

図書館や教育委員会への問い合わせでも所蔵先が判明しなければ、公民館に尋ねる方法もあります。丁寧な手紙を送りましょう。

菩提寺・過去帳・戒名・墓石の知識

「過去帳」に記されている「戒名」や「法名・法号」を深く理解するためには、「戒名」の知識が必要です。

関係する用語を解説しますので、折にふれて見返してください。

・**「菩提寺」と「檀家」**

先祖の位牌《いはい》を納めている寺を「菩提寺」といい、別名、「檀那寺《だんなでら》」ともいいます。

一方、菩提寺に布施を行い、寺院の財政を助ける家を「檀家」といいます。代々同じ寺に帰属する寺檀関係が生まれ、江戸時代に至り、「寺請制度」が確立しました。

・**「寺請制度」**

江戸時代、キリシタンを弾圧するため、すべての日本人は原則として先祖を代々供養している菩提寺を持ち、その寺からキリシタンではない証拠の「宗旨手形《しゅうしてがた》」を発行してもらわないと、婚姻も旅行もできず奉公にも出られませんでした。

この制度を「寺請制度」といい、江戸前期・中期（約350年前）ごろから、制度として本格的に機能し始めました。

また、同時期に幕府は、「宗門改役《しゅうもんあらためやく》」というキリシタンを摘発して改宗させる役人を置きました。

宗門改役は、キリシタンを根絶するため、ある家の家族や使用人がどこの寺の檀家であるかを証明する、今でいう戸籍のようなものを、村長である名主・庄屋《しょうや》・肝煎《きもいり》などと菩提寺の住職に命じて作らせました。

記載内容は時代や地域によってバラツキがあり、一定しませんが、戸主とその家族、奉公人の名前、年齢、菩提寺は必ず記されています。

・菩提寺に保管されている「過去帳」

死者は仏弟子の名前である「戒名」を授けられます。

菩提寺は、「誰になんという戒名を授けたのか」を「過去帳」という名簿に記し、寺の宝としました。

・檀家が保管している小型「過去帳」

菩提寺の過去帳から「自分の家の先祖の戒名」を抜き書きしたものが、檀家が保管している小型の「過去帳」です。蛇腹のものが多く仏壇にしまわれていることが多いです。

通常、自宅の「過去帳」には、その家の初代からの戒名が記されています。そのため、分家した家の過去帳には分家後の戒名しかない場合が多いです。その家が分家する前の本家、あるいはさらに古い総本家にある「過去帳」には、さらに古い先祖のものが記されているかもしれません。

・菩提寺の「過去帳」に記されていること

菩提寺の「過去帳」には、檀家全員の「戒名」が記されています。

記載の順番は、朔日《ついたち》（一日）から晦日《みそか》（月の最終日）までの日付ごとに、その日に死んだ檀家を列記するという方法が一般的です。

死者の個人情報としては、「死亡年月日」「俗名」「戒名」「続柄」「居住地」「身分・職業」「死因」などが記されていますが、これらの情報は「過去帳」の書き換えのたびにそぎ落とされ、最後には「死亡年月日」と「戒名」だけが残り、それがなんという人物なのか、わからなくなっていることもままあります。

・「戒名」と「法名」

武士は曹洞宗《そうとうしゅう》や臨済宗《りんざいしゅう》などの禅宗、浄土宗、日蓮宗《にちれんしゅう》などを菩提寺にした者が多く、町場の住人には日蓮宗が目立ちます。

農村部の庶民には、圧倒的に浄土真宗が多いです。浄土真宗では「戒名」と呼ばず、「法名」

といいます。

・「戒名」の文字構成

「戒名」の中には、「院号」「道号」「戒名（法諱《ほうき》・安名《あんみょう》）」「位号」が入ります。

菩提寺との関係や生前の功績により、これらがすべて記される場合もあれば、「道号」「戒名」「位号」だけ、「戒名」「位号」だけの場合もあります。

浄土真宗はかつてはすべて「釈《しゃく》＋法名」だけでしたが、近年では「院号」「釈＋法名」も見かけます。「釈」とは、「戒名」の頭に付けられる文字のことです。

戒名の文字構成は、次の通りです。

（院号）	（道号）	（戒名）	（位号）
○○院	AB	CD	○○

名・号	意味・用途
院号	もともと、天皇や貴人が出家したときにのみ使われたものですが、後には一般人の「戒名」にも記されました。
道号	自然現象の二文字やその人の生前の人徳を称える文字を入れます。「苗字」や「俗名」「居住地」「雅号」などから、一字取られることもあります。これらは、「戒名」を飾る

	ものです。
戒名	・メインの「戒名」は、「道号」の文字Aと「戒名」の文字Dを組み合わせると、熟語になることが多いです。その人の「俗名」から一文字取ることもあります。 ・ABCの三文字で熟語になる「戒名」は、「三字一貫」と呼ばれています。「道号」と「戒名」の四文字で熟語になるのは禁じられています。 ・夫婦で同じ一文字を使うことも多く、夫婦の一文字ずつで熟語になることもあります。
位号	「戒名」のランクを示すもので、次のような一般的な順位があります（例外もあります）。 ・成人男性「大居士《だいこじ》」→「居士」→「大禅定門《だいぜんじょうもん》」→「禅定門」→「清信士《せいしんじ》」→「信士」 ・成人女性「清大姉《せいだいし》」→「大姉」→「大禅定尼《だいぜんじょうに》」→「禅定尼」→「清信女《せいしんにょ》」→「信女」 ・男の子　「大童子《だいどうじ》」→「清《せい》童子」→「禅《ぜん》童子」→「童子」 ・女の子　「大童女《だいどうにょ》」→「清童女」→「禅童女」→「童女」 ・4歳以下の幼児　男の子は「孩子《がいじ》」「嬰子《えいじ》」、女の子は「孩女《がいにょ》」「嬰女《えいにょ》」 ・死産した胎児　「水子《すいじ》」

※戒名の記載内容は、時代や地域によってバラツキあり

・宗派別の「戒名」の特徴

宗派	戒名の特徴
浄土真宗《じょうどしんしゅう》	「法名」といい、男子は「釋《しゃく》〇〇」、女子は「釋尼〇〇」。
浄土宗	「院号」の次に「誉」を、西山派は「空」、名越派は「良」、時宗は「阿」を使います。
日蓮宗	「日」をよく使います。
臨済宗	「位号」として、男性は「上座」、女性は「上姉」を使います。
曹洞宗	「位号」として「上座」や「尼上座」をよく使い、「院号」に「〇〇軒」や「〇〇庵」を多用します。
天台宗《てんだいしゅう》	男性には「岳」、女性には「室」をよく使います。

「家紋」を知って、先祖のルーツを確定しよう

同姓のアンケートにより、先祖の「家紋」がわかったら、大きな手掛かりとなります。
「家紋」は、「苗字を絵で描いたもの」といわれ、**「家紋」がルーツを確定する決め手になる**からです。

その理由は、「家紋」の由来にあります。

◆いつからある？

「家紋」は、平安中期（1100年以降ごろ）に公家の牛車の紋所として生まれました。
それが武士にも普及し、武士は戦場で旗印や幕に「家紋」を描き、自己をアピールしたり、敵味方を区別したりするのに利用しました。

さらに江戸時代になると、着物にも「家紋」を描くようになり、庶民も広く用いるように

なりました。

◆種類は、どれくらいある？

素材の原型は、約350種類。それが変化して、現在では約2万種類以上に増えました。その中には、明治以後に創作された「新紋」も含まれます。

「家紋」は原則として、父から子に相続され、分家の際にだけ形を変えました。しかし、その場合も、本家の「家紋」に丸などの外郭《がいかく》を加え、ごくわずかな変化にとどめられました。原型を尊重する配慮がなされたのです。

明治以後の「新紋」は、そのルールを無視した「家紋」です。一見して複雑なものが多く、夫婦の実家の「家紋」を合体させることが多いです。また、それまでにない素材（カエルや琵琶《びわ》など）を用いたものもあります。

◆「苗字」との関係は？

「家紋」は、「苗字」と同じくらいルーツを如実に物語るものです。

例えば、佐藤氏は「源氏車」（御所車《ごしょぐるま》の車輪）、佐々木氏は「目結《めゆい》」（鹿《か》の子絞《こしぼ》りの文様）、渡辺氏は「渡辺星」（三つ星に一文字）を多用していて、苗字が違ってもこれらの家紋を使用している家は、何らかの関係があると推測されます。

また、「田中さん」のように、全国各地の田中地名から発祥し、多様なルーツを持つ苗字の場合は、「家紋」がルーツを決める重要な鍵となります。これは、「**同姓で、同紋は同流**」という、「家紋」の原則を利用したルーツ推理法なのです。

例として、「田中さん」の「家紋」とそのルーツを見てみましょう。

・「四《よ》つ目結《めゆい》」「五三桐《ごさんのきり》」「菊《きく》」「二《ふた》つ引《び》き」は、宇多源氏
・「左三《ひだりみ》つ巴《どもえ》」「七九桐《しちくのきり》」は、橘姓
・「梶《かじ》の葉《は》」「六菱《むつびし》」「五三桐《ごさんのきり》」「右三《みぎ》つ巴」は、桓武平氏
・「横木瓜《よこもっこう》」「左三つ巴」は、藤原北家
・「釘抜《くぎぬ》き」「片喰《かたばみ》」「鎧蝶《よろいちょう》」「石畳《いしだたみ》」は、清和源氏
・「梅鉢《うめばち》」は、村上源氏
・「五七桐《ごしちのきり》」「鳳凰丸《ほうおうまる》」は、大江氏

の、可能性が高いです。

「五三桐」は宇多源氏と桓武平氏、「巴」は橘姓と桓武平氏、藤原北家が利用しているので、

「家紋」だけでは決め難いです。先祖の出身地などを考慮して、さらに調べます。
また、例以外の「家紋」を使用している場合は、他のルーツから発祥した可能性と、これらのルーツから出たがなんらかの理由で「家紋」を変えた可能性を念頭に置いて、調査を続けます。

◆家紋の参考書

- **『家紋大図鑑』** 樋口清之監修・丹羽基二著（秋田書店、1971年）

約7500種類の家紋を素材の五十音配列で掲載し、素材ごとに解説しています。

- **『日本紋章学』** 沼田頼輔著（明治書院、1926年）（人物往来社、1968年）

家紋を学術的に体系化した著作で、あらゆる家紋解説本の根本原書とされています。個々の家紋の由来は、この著作によってほぼ確定しました。現在、流布している家紋辞典や紋帳などに記されている由来は、本書を典拠としています。

また沼田氏は、本書において初めて苗字と家紋の関係について論じました。

- **『日本家紋総鑑』** 千鹿野茂著（角川書店、1993年）

全国の墓石から採集した拓本家紋が約2万種類収録されています。その中には明治以降に創作された、いわゆる「新紋」と呼ばれる由緒のないものも含まれていますが、現在刊行されている紋帳の中で収録数は最大です。

この3冊は大きな図書館にありますので目を通してみましょう。少し古い文体で読みにくい箇所もあります。この3冊を基礎として新しめの家紋辞典に目を通すとよりわかりやすいです。

例えば、葛西姓の始祖といわれる葛西清重が好んだ「三《み》つ柏《かしわ》」という家紋をこの3冊の文献で調べると、

・そもそも柏紋は、食べ物を盛る食器として利用した柏の葉を紋様化したものである。
・戦いの前に葛西清重の盃《さかずき》に柏の葉が舞い落ち、その後に葛西清重は活躍した。このことから、清重は柏は縁起のよいものと信じ、三つ柏を家紋とした。

などがわかります。

コラム　家紋に丸が付くのが多いわけ

発生したころの「家紋」はすべて、「丸なし」でした。「丸付きの家紋」は、新しい変化形なのです。

なぜ丸を付けたかというと、理由は二つ考えられます。

まず第一の理由は、本家と分家を区別するためです。

「五三桐」の家から分家した家は、「丸に五三桐」を使って、本家と分家の違いを明らかにしました。さらに、「丸に五三桐」の家から分家した場合は、「丸」を「角」に変えたり、「細輪」に変えたり、「五七桐」に変えだりして区別しました。「家紋」は、こうして増えていったのです。

第二の理由は、「家紋」のすわり（安定感）の問題です。

江戸時代になると、「家紋」は紋付きの普及で衣服に描かれることが多くなり、その際には、「丸」を付けた方が美しく、つまり、すわりよく見えました。

この「すわり」のために、「丸」を付けた家も多かったのです。

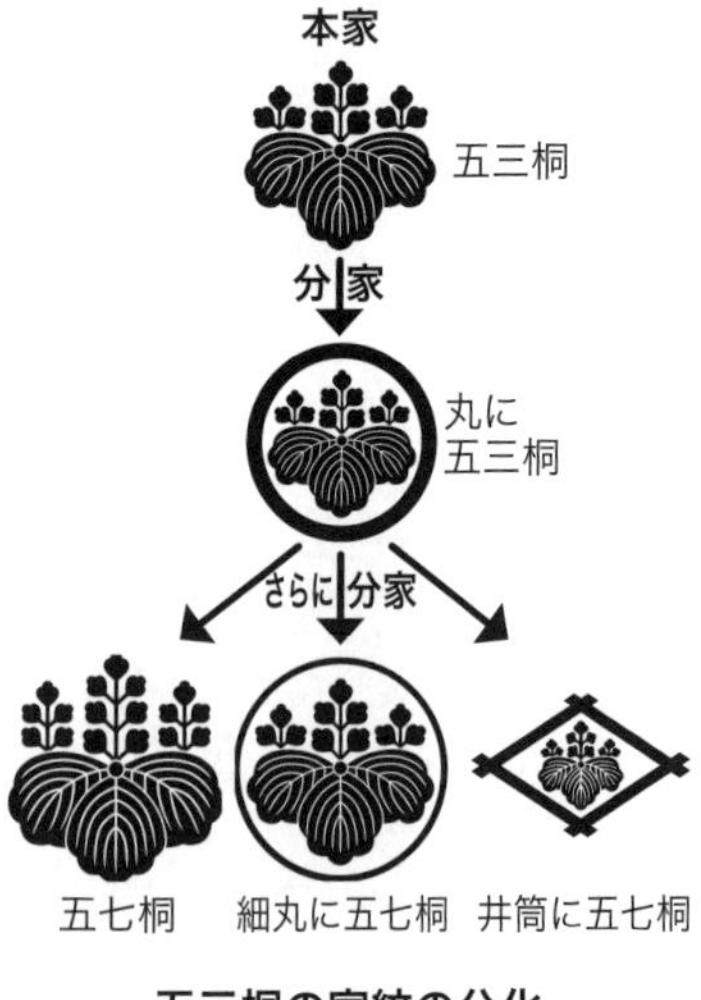

五三桐の家紋の分化

第五講

◆

世界に一つしかない
『自家の歴史書』
――家系調査をまとめると、家宝になる

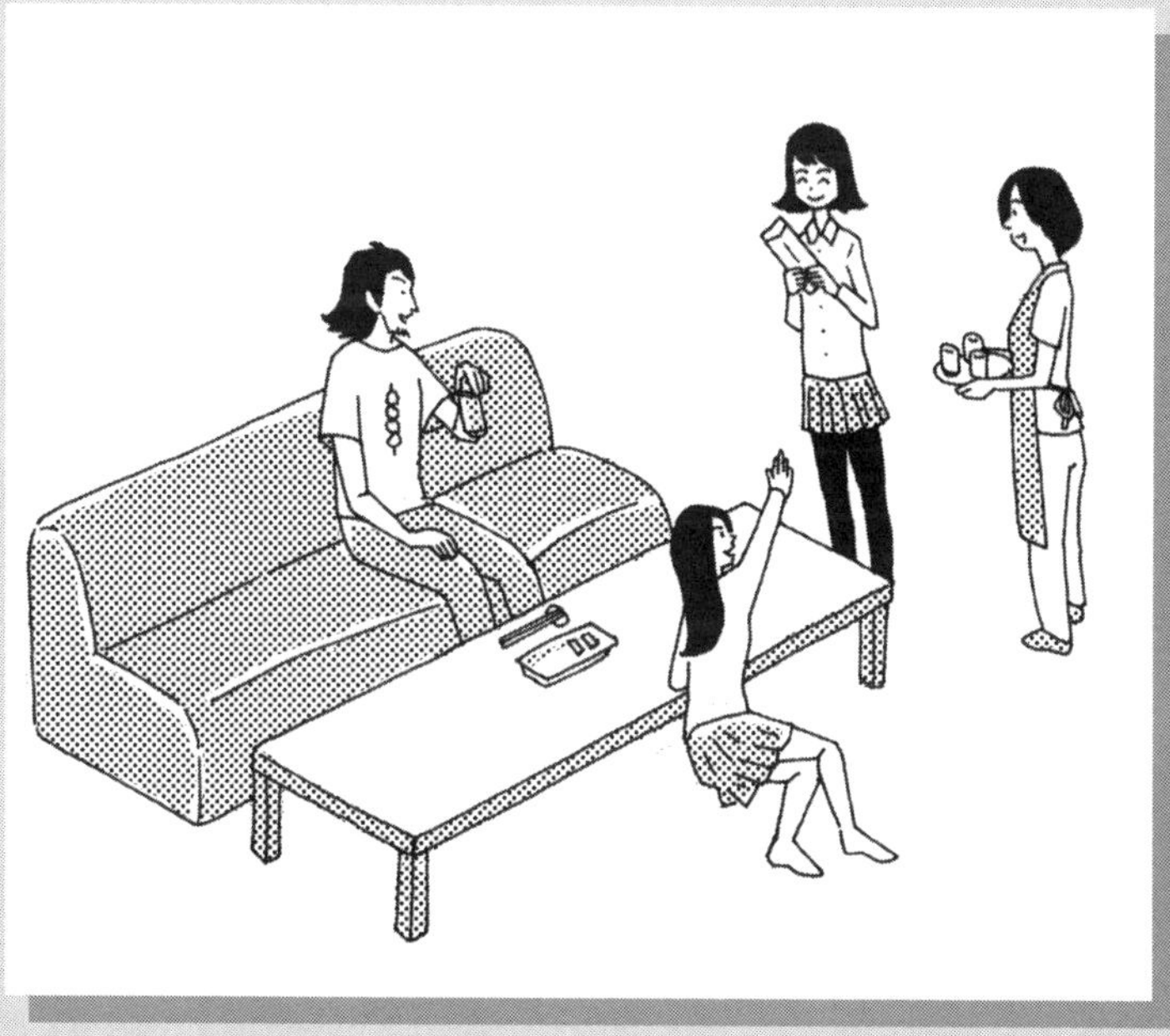

美々《みみ》は久々にちやほやされていた。なぜかついてきた妹の清美《きよみ》（中3。受験済み）は、さらにちやほやされていた。勝手についてきながら、30円しか持っていなかった清美の受講料は、美々が払った。

3カ月ぶりの筧《かけい》先生は、やはり颯爽《さっそう》と入ってきた。

美々と同じくアンケート調査まで終えた人。それどころか早々と現地に行ってきた人。まだ途中の人。挫折《ざせつ》したままの人。

受講者はさまざまだったが、補足講座への出席率はほぼ100％だった。挫折した人にとっても、筧先生の話は面白いのだろう。そもそも自分の家系にさほど興味はないが、歴史が好きだからと通っている人も少なくない。

1人ずつ個別に筧先生がアドバイスをしている間に、昨年の4回の講座で打ち解けた受講者が、それぞれの成果を報告し合う形式になった。

美々の番になる。

「久しぶりだね。葛西《かさい》君。初めまして妹さん。アンケート結果はどうだったかな」

「はい」

アンケートの返信。その後の手紙のやりとりを見せる。

昨年11月に飯柳《いいやなぎ》34軒の葛西家に出した手紙。2週間ほど経った12月に、1通の返信があった。

(1) 家紋を教えてください。

丸に三《み》つ柏《かしわ》です。

(2) 菩提寺《ぼだいじ》の宗派・名前・住所を教えてください。

※ぜひお墓参りをしたいと考えています。差し支えなければ、お墓の場所もお教えください。私の家の現在の宗派は曹洞宗（禅宗）ですので、板田町の「竜渕寺」「慶峰寺」「直指院」のいずれかではないかと思うのですが。

お寺は、本家と同じ竜渕寺（板田町飯柳○○番地）です。松之助の墓は本家に並んで竜渕寺にあります。

現在供養しているのは、本家の葛西○○（板田町飯柳○○番地）です。

（3）私の先祖である以下の人物の名を聞いたことはありませんでしょうか？「葛西松之助」「葛西権八郎」「葛西綱次郎」
あります。

本家に代わりお答えいたします。私は90歳で、初代松之助から5代目になります。2代松之助が私のひいじいさんの兄です。

綱次郎については、本家の話では北海道に渡った親族がいるのは確かだから、それが綱次郎だろうとのことです。子どもを連れていたそうです。

こちらへ来ることがあれば、お墓へご案内いたします。以上

平成30年12月10日　葛西 常造

「同族の方が見つかり、家紋もお寺も判明したんだね。素晴らしい成果だね」

「はい」

「家紋は丸に三つ柏か。これは苗字の始祖、葛西清重《きよしげ》が好んだ家紋だよ。切れ目なく1000年近くも受け継がれてきたんだね」

さらに、その後のやりとりを伝える。

「お礼の手紙と、北海道のお菓子をお送りしました」

同時に、さらに三つ尋ねた。

1. 「過去帳」があれば、見せていただけるでしょうか？
2. 菩提寺である竜渕寺に、「過去帳」の有無を問い合わせていいでしょうか？
3. 何かルーツの伝承など、残っていますでしょうか？

「なるほど。3のルーツ伝承については、郷土誌や『津軽藩祖略記』のコピーも同封したんだね」

郷土誌の「飯柳村の住民はもともとこの地にいた人と、富山県砺波《となみ》地方から移住した」という部分。また、「戦国時代、大光寺《だいこうじ》城というお城に葛西頼清という城主がいた」という部分。

二つを同封し、3のルーツ伝承について具体的に尋ねてみた。

大光寺城主葛西氏の末裔《まつえい》、あるいは富山県から来たなどという聞き伝えが残されていないだろうか？

「素晴らしい調査だね。アンケート調査の見本のようだよ」

褒《ほ》められた美々だが、コピー同封は清美のアイディアだった。文面に悩む美々に、一言「コピー入れればいいじゃん」。


家系調査の経過は、夕食後のリビングで家族に時折伝えていた。

母は変わらず興味を持ってくれていた。

父は相変わらずさほど興味がないようだったが、北海道に渡った葛西家への筧先生の見解の話を披露したときには、しみじみ聞いてくれていたように思う。

いつも一缶で終わる食後のビールの後、珍しくウイスキーを持ってきてドンと置いた。「美々、ついでくれ」と言うので、素直な美々はついでみた。お酒のことがよくわからない美々は、水も氷も入れずタンブラーに並々と注いだ。

父は「殺す気か」と笑いながらも、ちびちび飲み干し酔いつぶれた。

美々の父は、美々が初めて作った海水のような塩分濃度の味噌汁《みそしる》も、清美の指紋が付いた手作りチョコも全部喜んで食べる人だった。

ともかく、家族には少しずつ家系調査の成果を伝えていた。

うら若い女子高生がなんと地味な趣味を持ったものだろう……だが、それも美々らしいね、というような空気ではあったが、調査が進むにつれ地道に関心は高まっていた。

同姓へのアンケートの返信で、お寺やお墓が判明したときには、美々はものすごく興奮した。

先祖のお墓の発見に家族も結構盛り上がり、お礼のお菓子を何にするか、さらに何を聞くべきか、美々に任せず両親もお礼をすべきか、などなど……家族で相談したものだ。

結局は、引き続き美々がやりとりするが、家族写真を同封し、父が感謝の意を手書きで添えることにした。

それに対する返信。

ルーツや「過去帳」については詳しいことはわかりません。ただ、どこかのお城の主だったとは、かすかに聞いた気がしております。年末に親族が集まりますので、本家に確認のうえ、年明け早々にご連絡させていただきます。

竜渕寺に「過去帳」があるかわかりませんが、ご住職とは親しくさせていただいております。こちらも尋ねておきます。

追伸
美味しいお菓子ありがとうございます。ご家族のお写真拝見いたしました。お顔立ちが私たちにそっくりで驚きました。また、詳しい調査に驚いてもいます。逆に私たちも家系に興味が出てきています。お調べになったことは、逆にお教えいただきたいと思っています。
いつかお会いできることを。

さらに丁重なお礼を送っておいたところ、年が明けてから次のような内容で返信があった。

・確かにどこかのお城の主だったとは、本家にも伝わっている。
・だが本家も代が替わり、詳しい人間は他にはおらず、具体的なことはわからない。

・富山県から来た家ではない。葛西ではない別の苗字で、富山県から来た家は確かにある。
・昔からこの地に住んだ家と、富山県から移り住んだ家は、かつては確執らしきものはあったようだが、今は誰も気にしていない。
・本家には、初代が寛永没《かんえいぼつ》のかなり古い「過去帳」がある。住職にも話をし、本家とお寺の「過去帳」を照らし合わせておく。
・ただし、「過去帳」はボロボロでコピーを取ることはできないので、来ることがあればお見せする。

「素晴らしいね。いつか行ってこられるといいね」

家族とも、「いつか行こう」という話はしていた。美々はすぐにでも行きたかった。

「彼らの協力のお礼に、葛西君の調査結果をまとめて、お送りしてあげるといいかもね。僕も手伝うよ」

筧先生は、最後のレジュメとして、家系についてのまとめ方[1]のひな形をくれた。連絡先も教えてくれた。また、受講を終えた人々たちと定期的に行っている、勉強会への参加も勧めてくれた。

「あれからいろいろ考えたんだが、もう一つ、君のおじいさんの記録が残っていそうなところがあるよ」

・・・・・・・・・・・・・・・・・・・・・

美々と清美は、「赤れんが」にいた。途中でチロルチョコを買ったため、9円しかなかった清美の地下鉄代は、美々が払った。

北海道立文書館、通称「赤れんが」。北海道庁旧本庁舎で観光地として有名だが、中に入ると、北海道関連文書の展示室がある。箱館《はこだて》奉行、開拓使や道庁の職員名簿、松前《まつまえ》藩士の廃藩時の名簿などがあるという。

ここが、筧先生が言った「もう一つ、おじいさんの記録が残っていそうなところ」だ。

(1)詳しくは、258ページの「家系調査をまとめて、歴史書を作ろう」を参照。

釧路《くしろ》市の公務員の名簿に、祖父「啓治《けいじ》」の名があった。「〇〇部第〇課」。
高卒で公務員になったはずだから、今の美々とそう変わらない年の祖父。
「平職員」。

「おばあちゃんもあった」

隣で年度ごとにまとめられた名簿をさかのぼって見ていた、清美の声。10人ほどの職場に祖母「巴《ともえ》」の名が加わった。ともに平職員。

数年後、巴の苗字が「葛西」になった。結婚したのか……。職場結婚とはなんとなく聞いていた。

さらに翌年、祖母の名が名簿から消えた。伯母・啓子《けいこ》と父・啓介《けいすけ》を産み、そのまま退職したと聞いている。祖父に役職が付いた。

「順調だったんだね」

清美が過去形で言った。

生まれたときからかわいがってもらい、ついこのあいだまで一緒に暮らしていた、祖父母の若かりしころの姿が浮かんだ。

「赤れんが」を出るとき、清美がぼそっと言った。

「お父さんは泣きたかったんだよね」

……やっぱりそう思うか。

清美は鋭い。自分のことしか考えていないようで、家族のすべてを把握している。

父・啓介は優しい。母にも、美々にも、清美にも、祖母にも、猫にも、亀にも、熱帯魚にも、友人・知人・他人にも。18年も一緒に暮らしていればわかる。

でも、祖母に大変な思いをさせた祖父だけは、愛したくても愛せなかったんだろう。

美々は特に返事をしなかったが、清美にクレープをおごってやった。二つも食べやがった。

その後、美々は筧先生の勉強会への参加を続け、筧先生やその受講者の協力のもと、ひな形をもとに、『葛西家の歴史』をまとめた。

この〝葛西家だけの歴史書〟の「編集後記」は、筧先生が書いてくれた。最後には、自分で「あとがき」を書いた。小学生の作文みたいな文になったので、恥ずかしいから消そうかな？　とも思ったが、一生懸命書いたので残すことにした。

コンビニでコピーし、書店の製本キットで簡易製本し、家族に配った。

もちろん、飯柳の同姓にも数冊送った。

『葛西家の歴史』葛西 美々編

第一章 葛西家の歴史

・葛西家の系図

桓武天皇（第五十代帝）―葛原親王（式部卿 一品）―高見王―高望王（上総介 従五位下）―良文（村岡五郎 鎮守府将軍 従五位上）

―忠頼（村岡次郎 陸奥守）―将恒（秩父・中村氏）―武常（豊島・葛西姓）―常永―康家―清光

―清重（壱岐守 没 承久三年九月十四日）―清親（伯耆前司 没 宝治元年一月三日）―清時（伯耆前司 没 文永七年十二月十八日）―清経（伯耆左衛門 没 弘安十年十一月七日）―清宗（伊豆守 没 文保元年四月二日）

―清貞（武蔵守 没 正中元年三月十六日）―良清（備前守 没 貞治四年四月七日）―清宗（四部大夫 津軽に移住）―頼清（伊予守 大光寺城主）

（次ページへ）

（前ページから）

弘前津軽藩士葛西家

青森県南津軽郡飯柳村葛西家

松之助
生　不明

不明
生　不明

長男
松之助
生　天保七年一月十日
没　明治三十年一月十四日

ふゆ
生　天保八年十一月十日

太田忠蔵　三男
権八郎
生　弘化四年一月一日
没　大正十一年八月十二日

長女
ふみ
生　安政三年六月十七日
没　明治三十七年九月三十日

カシ
生　明治五年四月二十日

三女
みの
生　明治二年九月二十五日

二男
市郎
生　明治七年七月三日
没　明治三十年二月二十二日

長男
綱次郎
生　明治九年一月二十五日
没　昭和十九年九月五日

いろ
生　明治十二年二月十三日
没　昭和十九年五月十六日

二男
常吉
生　明治十年十月二十九日

長女
カン
生　明治四十年四月二十五日
没　明治四十年八月三日

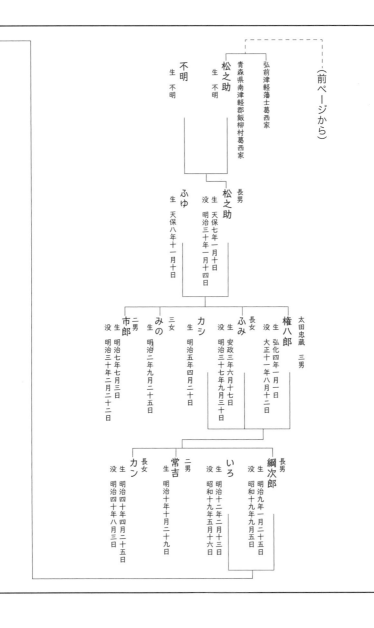

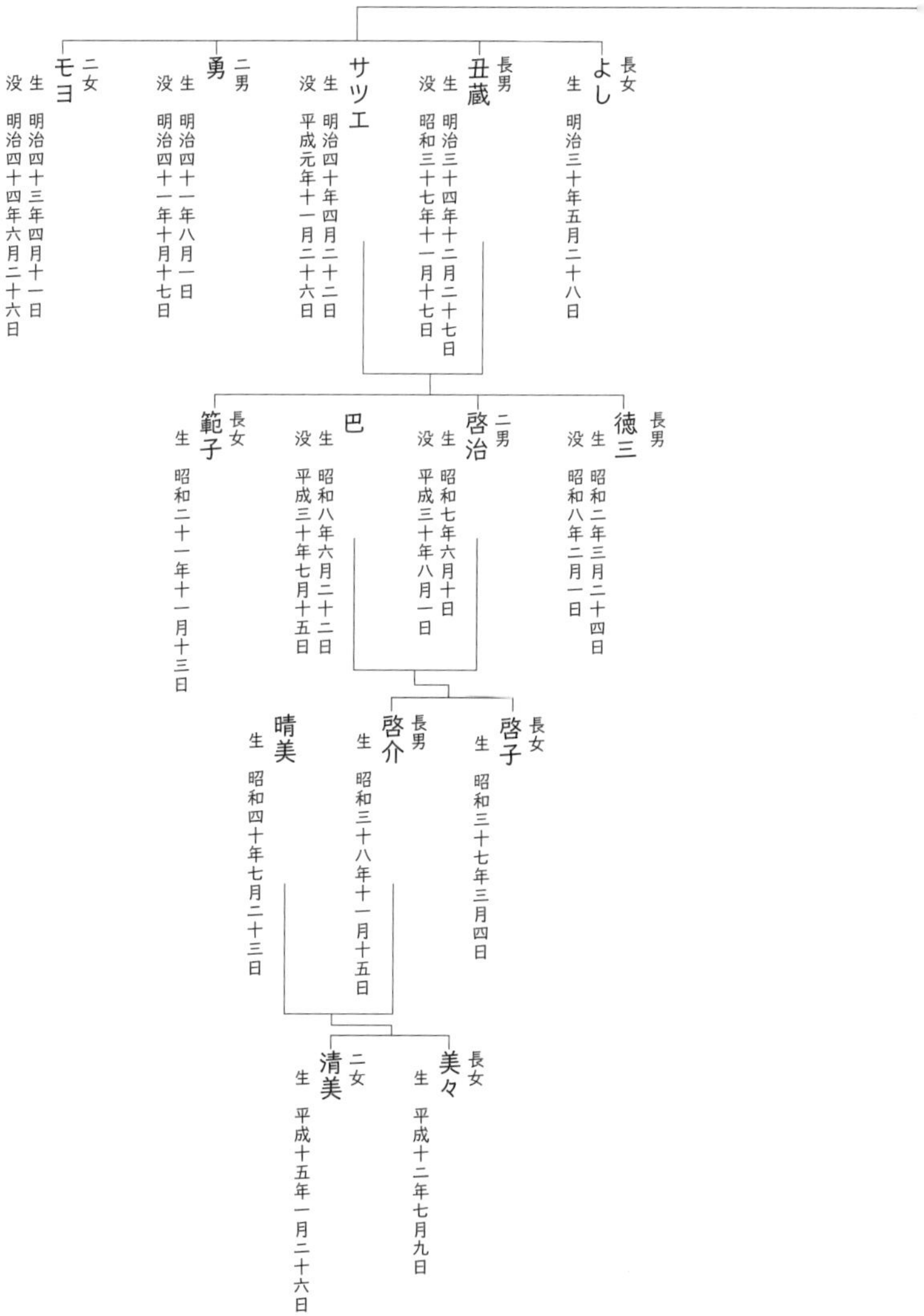

※系図の内容注釈については、諸説あり

・葛西家の歴史概要

第50代桓武《かんむ》天皇の子孫・清重《きよしげ》が、下総国葛西郡葛西御厨《みくりや》に住み着き、「葛西氏」を称します。

後に現在の宮城県へ本拠地を移し、戦国時代（1467～1568）は北東北の豪族であったと思われます。

戦国の動乱で武士の身分を捨て、江戸初期には飯柳《いいやなぎ》村（現在の板田町飯柳）に住み付いて、草分け的な農民となったと思われます。江戸時代（1603～1867）を通し、飯柳村に住む農民でした。

板田《いただ》町飯柳より北海道阿寒《あかん》村雄別《ゆうべつ》へ。その後、釧路《くしろ》市、旭川《あさひかわ》市を経て、現在は札幌《さっぽろ》で暮らします。

・苗字の由来

宮城県から青森県にかけて、葛西家は広く分布していますが、その家系をさかのぼると、下総国葛西郡葛西御厨から発祥したといわれています。

御厨とは、古代の神社領のことで、葛西御厨は現在の東京都葛飾区と江戸川区の付近にありました。葛飾の西にあるので、葛西といいます。

葛西氏は、この地に第50代桓武天皇の流れを汲《く》む清重が住み着き、葛西三郎と名乗ったことに始まります。

・葛西家のルーツ

葛西氏の苗字の始祖・葛西清重は、鎌倉幕府を開いた源頼朝の家臣となり、1189（文治5）年の奥州征伐に従軍して大いに活躍し、現在の岩手県南部から宮城県北部に及ぶ広大な土地を恩賞として与えられました。

その嫡流は戦国大名となり、現在の宮城県登米市迫町佐沼にあった佐沼城などを居城として葛西晴信まで続きましたが、豊臣秀吉の小田原の陣に参陣しなかったため滅亡しました。

しかし、その間に、葛西一族は北上を続け、南北朝のころには青森県にまで広がっていました（津軽葛西一族）。

津軽葛西一族の中には、津軽氏に仕えて江戸時代（1603～1867）、津軽藩士となった系統と、途中で滅ぼされて農民となった家系があります。

例えば、「1533（天文2）年、石川高信・大光寺城主伊予《いよ》守葛西頼清を襲ひて之《これ》を滅ぼす」という記録が残されています。大光寺城が落城した後、津軽氏に仕えた系統と農民となった系統に分かれたのかもしれません。

大光寺城と飯柳村は地理的にも近く、落城の際に飯柳村に逃れて帰農した家系が当家ではないかと推測されます。現在の板田町飯柳の葛西家にも、「かつてどこかのお城の主であった」という伝承が残っています。

・葛西家の家紋

葛西家の家紋

当家の家紋は、丸に三《み》つ柏《かしわ》紋です。

柏紋は、古代の人々が食べ物を盛る食器として利用した柏の葉を紋様化したものですが、葛西氏の三つ柏紋に関しては独自の由来が伝わっています。

鎌倉初代将軍の源頼朝の命令で、奥州藤原氏討伐に参陣した葛西家は、戦いの勝利を願い、部下たちと酒を酌み交わしました。すると一陣の風が吹き、清重が手に持っていた盃《さかずき》に柏の葉がひらりと舞い落ちたのです。奥州藤原氏との戦いで清重は大活躍し、奥州総奉行に任じられ、広大な所領を賜ります。柏は神の木。清重は、この幸運は酒盃に浮かんだ柏の御加護だと感じ、以来、三つ柏の家紋を使うようになったといわれています。

葛西家の三つ柏紋は、1000年近くも受け継がれてきたものなのです。

第二章　江戸時代の葛西家

・葛西家の住んだ地

葛西家が住んだ地は、古い除籍簿の記載から、青森県南津軽郡飯柳村（現在の南津軽郡板田町飯柳）です。

この地は、江戸時代は弘前《ひろさき》藩の領地で、規模は中程度。住民の主な仕事は農業でした。1879（明治12）年の戸数は、71軒。人口は、男性が256人、女性が215人です。他に、村には農耕馬が24頭いました。

2009（平成21）年の電話帳によれば、板田町飯柳には葛西家が34軒も密集して住んでいます。

このことから考えても、当家の先祖は飯柳村の初期の入植者の1人で、俗に言う「草分け」だったと思われます。

また、『板田町史　板田町教育委員会』によると、飯柳村に住んでいた住人には、戦国時代から同地の近くにいた者と、富山県砺波《となみ》地方（現在の富山県砺波市）あたりから移り住んだ者がいたといわれています。
地元の伝承によると、当家は前者ではないかと考えられます。

・菩提寺

曹洞宗《そうとうしゅう》　竜渕寺《りゅうえんじ》（板田町飯柳〇〇番地）　※板田町飯柳の同姓へのアンケートで判明。

・墓石

竜渕寺境内。本家の墓石の隣。　※板田町飯柳の同姓へのアンケートで判明。

第三章　近代～現代の葛西家

・葛西家の人々

江戸末期～現在までの葛西家は、戸籍（除籍謄本）により判明しました。

・7代前　葛西松之助《まつのすけ》　生没年不明

除籍謄本から判明した初代・松之助の生没年は不明だが、2代・松之助が1836（天保7）年生まれであることから、享和《きょうわ》・文化・文政年間（1801～）あたりに生まれたと推測される。

・6代前　葛西松之助　天保7年1月10日生
明治30年1月14日没（飯柳村にて没）

・5代前　葛西権八郎　弘化4年1月1日生
大正11年8月12日没（飯柳字下柳にて没）

・4代前　葛西綱次郎　明治9年1月25日生
昭和19年9月5日没（北海道阿寒村雄別にて没）

1918（大正7）年に、息子・丑蔵《うしぞう》を連れ、北海道阿寒村雄別《ゆうべつ》に渡る。

雄別は、明治30年代（1896〜）から鉄道の枕木や製紙工場で使う材木の伐採地として栄え、1919（大正8）年には雄別炭鉱が開業。鉄道線路も整備され、人口は飛躍的に増加した。

綱次郎が雄別に移住したのは、雄別炭鉱の賑《にぎ》わいを聞いて成功するチャンスがあると感じたためかもしれない。

・3代前　葛西丑蔵　明治34年12月27日生
昭和37年11月17日没

「炭鉱で働いていた」という聞き伝えより、雄別炭鉱に勤務していたと思われる。その後釧路市近辺を転々とし、釧路市で死亡。

・2代前　葛西啓治《けいじ》　昭和7年6月10日生

平成30年8月1日没

妻　葛西巴《ともえ》　昭和8年6月22日生

平成30年7月15日没

昭和30年代は、釧路市白樺台《しらかばだい》に居住。白樺台は、この地に白樺林が多かったことに由来し、1960（昭和35）年からは大型の住宅団地が造成された。

・1代前　葛西啓介《けいすけ》　昭和38年11月15日生

妻　葛西晴美《はるみ》　昭和40年7月23日生

長女　葛西美々《みみ》　平成12年7月9日

次女　葛西清美《きよみ》　平成15年1月26日

・調査課題

・大光寺城および城主伊予守葛西頼清についてさらに調べること。

・弘前藩の記録に飯柳村のものがないか調べること。

・枝分かれした同族の可能性がある、津軽藩士葛西家についても調べること。

・現地へ行き、左記調査を進めること。
①葛西常造氏・本家・竜渕寺を訪ね、「過去帳」を閲覧
②お墓参りを実施
③板田町立郷土資料館に、何か記録がないかを調査
④飯柳神社に、氏子の記録などがないかを調査
⑤その他、地元の図書館等に、郷土資料がないかを確認

・参考文献一覧

・旧土地台帳
「南津軽郡板田町飯柳」の旧土地台帳と和紙公図を取得。その所有者の欄には、当家の先祖である葛西松之助、葛西綱次郎の名前が記載されていました。

・古地図
『市町村史』より、「飯柳村」の古地図を複写。

・グーグルマップ
「南津軽郡板田町飯柳」の地図を複写。

・2009年の電話帳

全国…約7000軒、青森県…約3000軒、板田町…143軒、飯柳…34軒

・角川日本地名大辞典（角川書店）

「飯柳村」を複写。

・日本地名体系（平凡社）

「飯柳村」を複写。

・苗字辞典・人名事典等

国立国会図書館デジタルコレクションの以下の資料より、「葛西」の項目を複写。

『青森県人名鑑』『青森県人名録』『青森県大人名録　昭和15年版』『青森県篤農者列伝』

『青森県名鑑　大正四年特別大演習記念（青森県人名列伝）』『東奥人名録　改元記念』

・角川日本姓氏歴史人物大辞典（角川書店）

・姓氏家系大辞典（角川書店）

「葛西」の項目を複写。

・都道府県別 姓氏家紋大事典（柏書房）

北海道および青森県の「葛西」の項目を複写。

・郷土資料（市町村史）調査・図書館へのレファレンス

以下の資料より、主に「葛西」「飯柳」の記載を複写。
『南津軽郡史』『板田町史　板田町教育委員会』『弘前藩庁日記から見た板田町の歴史
板田町文化財研究会』『板田町の生い立ち　板田町役場』

編集後記

現代は家族の絆《きずな》が弱くなり、祖先崇拝の念も薄れてきたといわれています。

しかし、振り返ってみれば、誰しも自分だけでこの世に生を受けた人はいません。1人の人間には必ず2人の親がいて、その親にもまた両親がいてと、我々のご先祖様は倍々で増えていきます。10代前では1024人、20代前では100万人を超えてしまいます。

それだけ大勢の人が必死に生きて子どもを作り、その子を育て、家を守り、土地や先祖伝来の遺物を子孫に伝えて我々の命につながっているのです。

そのことを思うと、自然と祖先に対する崇敬の念や供養の気持ちが起こるのではないでしょうか。

とはいえ、日々の生活に追われる現代人にとって、過去を振り返るという行為は非日常的なものです。ついつい日々の事柄に時間をとられているうちに、ご先祖様のことは遠のいてしまいます。そして記録は失われ、昔を知る古老はいなくなり、いざ時間ができて家の歴史をまとめようと思っても、何も調べることができないということになりがちなのです。

だからこそ、人生の何かの折にこのような冊子を作って、ご先祖様の記録をまとめておくことには、金銭には代えられない価値があります。ご先祖様がどのように生き、我々に命をつなげてくれたのかを調べ、それを次の世代に伝えることは、私たちの義務です。そしてまとめられた家系記録は、あなたの家にとって新しい家宝となるはずです。

２０１９年３月吉日　箕探

あとがき

私は今まで、先祖のことを考えたこともありませんでした。先祖のうち誰か１人でもいなかったら、今、私はいないことに気づきびっくりしました。

自分の先祖が、信じられないくらいの人数になることにも驚きました。

私に両親がいるように、私の両親や祖父母にも子どものころがあって、その両親がいるということを意識するようになりました。当たり前のことかもしれませんが、家系を図にすることによってはじめて意識したことです。

家系図を作ってから、出会う人の後ろに、その人の両親や先祖の愛情を感じるようになりました。

先祖の時代を知って、先祖に感謝しています。そして、大人になったら自分の子どもに先祖のことを教えてあげたいと思います。子どもに正確に教えられるようにするため、これからは歴史のことをもう少し勉強することにしました。

私も、自分の子孫に感謝されるような先祖になりたいです。

２０１９年３月吉日　葛西　美々

家系調査をまとめて、歴史書を作ろう

苦労して子孫を残した先祖の人生を振り返ることは、先祖に対する魂のこもった供養になります。

何より、**お金や土地などの遺産は消えてなくなりますが、家系図や家系の調査資料は永遠に残る家宝となります。**

家に家系図や家系の歴史をまとめたものがあると、歴史が身近に感じられ、子どもは歴史好きになります（現在では、いくつかの小学校で、歴史の授業に家系図を作らせています）。

また、命のつながりを感じ、自分や他者の存在価値を実感するようになります。

次ページの「ひな形」を参考に、家系をまとめてみましょう。

全体の編成や目次は、各家によって多少差異が出ますが、おおよそ項目は共通します。

太字の書体の部分が、項目です。

『〇〇家の歴史』

タイトルを書きます。

第一章　〇〇家の歴史

・〇〇家の系図

戸籍・除籍謄本《とうほん》をもとに系図を作ります。その系図を幹とし、墓石や「過去帳」「武士の系図」『姓氏家系大辞典』等の系図文献から、系図化できれば書き足しましょう。

また、例えば、Ａ４の紙でまとめの冊子を作るのであれば、家系図は倍のＡ３の紙にプリントして挟み込むなど、なるべく大きな紙に系図を作るとよいでしょう。

・〇〇家の歴史概要

調査内容を振り返り、判明した、古い時代から現代までの流れを簡潔に書きます。

・苗字の由来

『姓氏家系大辞典』『角川日本姓氏歴史人物大辞典』やその他の苗字・家系関連の文献を参考に、その苗字の発祥を書きます。

各家により苗字の由来やルーツが明確な場合、複数候補がある場合、全く不明の場合が考えられます。

また、発祥から江戸時代に至るまでの家系の流れが、ある程度、推測・特定できていれば、「○○家のルーツ」と別項目を設けて書くのもよいでしょう。

その他、全国の苗字分布なども入れるとよいでしょう。

・**○○家の家紋**

『日本家紋総鑑』『都道府県別 姓氏家紋大事典』などの文献を参考に、その家紋の由来を書きます。図柄を載せるとなおよいです。

家紋が判明していない場合は、その苗字がよく使う家紋を書くのもよいでしょう。

第二章　江戸時代の○○家

・**○○家の住んだ地**

『角川日本地名大辞典』『日本歴史地名大系』『郷土誌（市町村史）』などを参考に、先祖が江戸時代に住んだ地について書きます。

・**菩提寺**《ぼだいじ》

菩提寺が判明していれば、菩提寺の情報（宗派・連絡先）を書きます。判明していなければ、判明しなかった事情、推測される菩提寺候補のお寺（近隣のお寺など）について書きます。

・**墓石**

墓石が判明していれば、墓石の情報を書きます。判明していなければ、判明しなかった事情、推測される墓石の場所（近隣のお寺や共同墓地など）について書きます。

・**神社**

近隣の神社についての情報も書いておきましょう。

第三章　近代〜現代の◯◯家

・**◯◯家の人々**

江戸末期・明治初期〜現代の家系は、戸籍調査でほぼ確実に判明します。

各人ごとに判明している情報（続柄・生没年等）を書きます。

特に注目している先祖、あるいは文献・文書の調査により多くの情報が判明した人物については、写真を入れたり、多くのページを割いたりするのもよいでしょう。

情報が少ない場合は、戸籍からわかる居住地を地名辞典等で調べたことを書くとよいでしょう。

例えば、「2代前　葛西啓治　昭和7年6月10日生　平成30年8月1日没」は、戸籍からわかる居住地を地名辞典等で調べることで、「昭和30年代は、釧路市白樺台に居住。白樺台はこの地に白樺林が多かったことに由来し、1960（昭和35）年からは大型の住宅団地が造成された」と、いうような注釈を書き足せます。

・調査課題

今後の調査課題について書きます。箇条書きでもよいでしょう。

・参考文献一覧

調査に使った文献を書いておきましょう。

あとがき

家系図を作った理由、先祖や子孫への言葉、家系に対する想いを自由に書きます。

後世の子孫のために、日付と施主（作成者）の名前は必ず入れます。

※「家族写真」「お墓・過去帳・仏壇等お手持ちの家系記録の写真」「収集資料の画像」などを入れると、子孫などの読み手にとってイメージしやすくなり、なおよいです。「住所録」や「年代対照表」も便利です。

コラム

巻物？　掛軸？　冊子？　家系図の保存方法いろいろ

家系図は、筆で書いて巻物や掛軸にすると雰囲気が出ます。

しかし、筆できれいに書くのは難しいので、家系図作成業者を探して相談してもよいでしょう。

また、筆で書かずとも、毛筆フォントを使って出力してから表装してもよいでしょう。

写真を入れて表装するのもよいでしょう。

一方、家系図を折本形式にして桐箱に入れて保存するのも味わいがあります。

冊子を作って製本する楽しみもあります。

表具屋さんや製本業者さんに相談して進めるか大きな文房具店や書道店には自作の製本キットや簡易の表装セットもありますので、試行錯誤しながら自分でやってみてもよいでしょう。

巻物

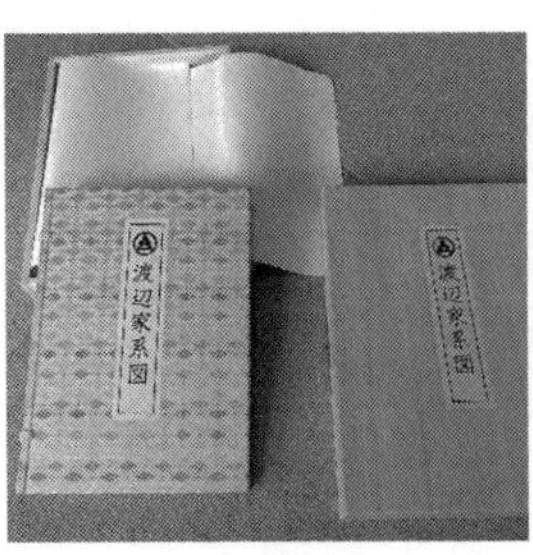

冊子

折本

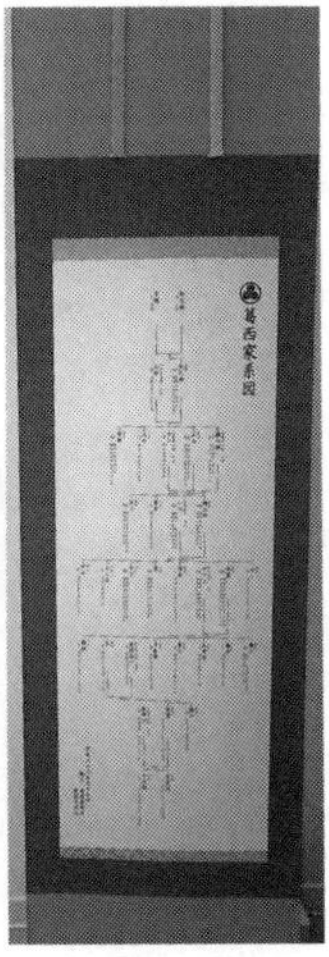

掛軸

エピローグ

◆

先祖が住んでいた地へ

葛西《かさい》家の4人は青森にいた。

美々《みみ》にとって高校最後、清美《きよみ》にとって中学最後の春休み。本当は10年ぶりに、家族でディズニーランドに行く予定だった。

だが、彼らは今青森にいる。家族会議を経て、先祖の墓参りに変更したのだ。当然、清美はブーブー言ったが、さほど強く抵抗しなかった。

札幌《さっぽろ》から青森までは車で来た。函館《はこだて》からフェリーに乗った。4泊5日の旅。函館に1泊しているし、帰りも1日がかりなので、青森滞在は実質2日。

父・啓介《けいすけ》は家を出るとき、いつもの無精ひげをさっぱりそり落としていた。

青森初日の昨日は、半日時間があったので、飯柳《いいやなぎ》町立郷土資料館と飯柳神社に寄った。

郷土資料館には、頭に被って祭用に使用されたという「三度笠《さんどがさ》」や「足袋」「防空頭巾」など、古くは江戸期のものから昭和期のものまで、地元住民が残した生活用品などが展示されていた。「藩政時代〜○○家所有」というように、具体的な所有者の名や、所有していた家が書いてあるものも多かった。葛西家は地元旧家だけあり、「鉄瓶《てつびん》（藩政時代～葛西家所有）」などと、葛西家の使っていたというものも複数あった。

飯柳神社では、周りを囲む柱に奉納者の名が刻まれており、美々の先祖である綱次郎《つなじろう》の名も刻んであった。

敷地内の巨大な杉の木は、郷土誌にも記載のあった八千代杉《やちよすぎ》。400年ほど前に植えられたと推測されており、地名辞典に記載のあった「飯柳村は正保年間（1644～1648）から開発が始まる」という根拠の一つでもあるという。

江戸時代を通して先祖を見守ってくれていた木だ。家族を代表してという雰囲気で、父・啓介が深く頭を下げた。いつもは清美がふざけて選んだ変なイラストのTシャツを着ている啓介は、青森に入ってからはずっとスーツ姿だ。ビシッと決まったカッコいいお辞儀だった。

子どものころから、よい感じの木を見ると必ず登り始める清美も、登らずにぺこりとお辞儀をしていた。

そして今日。アンケートに返信をくれた葛西常造《つねぞう》氏に会った。約束の時間に伺うと90歳の優しそうなおじいさんが迎えてくれた。お子様夫婦に、近所に住むお孫さんと、曾孫《ひ》さんも来てくれていた。

最初はお互い緊張したが、5歳と3歳の曾孫ちゃんたちが美々と清美に懐いてくれたのですぐ打ち解けられた。

「綱次郎さんと丑蔵《うしぞう》さんが北海道に行ったのは、100年前なんだねぇ。よく来てくれたねぇ」

感慨深そうに美々たちを見つめる常造氏の目と眉の形は、啓介とそっくりだった。3歳の女の子と清美の顔立ちはそっくりだった。65歳の常造氏の娘は美々に似ていた。それぞれがどこか似ていた。

仏壇から出してくれていた「過去帳」には、戸籍で判明した一番古い松之《まつの》助《すけ》のお父さんまで載っていた。名前は同じく松之助。

「これより古い『過去帳』は、本家とお寺にあったみたいだよ」と常造氏。

美々は講座で習った「過去帳」の知識を思い出した。「家の『過去帳』には分家後のご先祖様のことしか記載されていないことが多い」と筧《かけい》先生は言っていた。

ということは、常造氏宅の「過去帳」に載っている一番古い松之助さんが、本家から分家して来たのかな？

「お寺で本家と住職に待ってもらっているから。案内するよ」という常造氏の案内で葛西家の菩提寺《ぼだいじ》・竜渕寺《りゅうえんじ》に行った。

１００歳になろうかという住職と60代の本家の当主が迎えてくれた。常造氏と曾孫ちゃんたちの仲介でスムーズに打ち解けることができた。

住職は、「葛西家以外の檀家《だんか》の情報も書いてあるから、お寺の『過去帳』の中身は絶対に見せられない」と言って、本家の仏壇の「過去帳」とお寺の「過去帳」を住職自ら照らし合わせ、葛西家の戒名のみまとめたものを見せてくれた。

分家初代・松之助よりさらに6代ほどさかのぼった寛永20（１６４３）年没の先祖まで載っていた。名は代々「清之助《きよのすけ》」を継いでいるようだった。

講座では「寺請制度」が始まり、お寺に「過去帳」が備え付けられたのが江戸時代の初期と言っていたから、これが過去帳でさかのぼれる限界点なんだろう。

本家は代々「清之助」を継ぎ、分家した美々の家系は分家初代から「松之助」を名乗ってきた。これが代々続く農家でよく見られた、名前を丸ごと継ぐ襲名。

メモを取りながら美々は講座で習ったこと、調査したことを思い出しながら、いくつか疑問点をまとめて本家の人に聞いてみた。

清美は住職にまとわりつく曾孫ちゃんたちを引きはがしながら遊んでいた。父・啓介も母・晴美《はるみ》も大人同士の挨拶以外は口をはさまず、調査に関することはさりげなく美々に任せてくれている。

本家が代々「清之助」を名乗っていた件については、本家の方のひいおじいちゃんくらいまでは清之助。その後はさすがに襲名のような習慣は廃れたのか、「清」の字だけを継いできたという。本家の方は「清造《きよぞう》さん」というそうだが、自分の子どもには特に「清」の字は付けていないとのことだった。

「今の時代、もう名前も自由でいいかと思ってね」と常造氏。

常造氏が言うにはルーツについては詳しく聞いておらず、詳しい人間ももう残っていないが、どこか近くのお城の城主とは確かに言っていたらしい。

「ただ『清』という字は大事だというようなことを言っていたからね。今思えば、美々さんが調べた、『葛西』苗字を使い始めた葛西清重とか大光寺の城主の葛西頼清の『清』と関係あるのかもしれないね」

常造氏はあまり家系について興味はなかったが、美々の作った冊子『葛西家の歴史』を見て感心したらしく、「私も地元の古い人にいろいろ聞いて調べてみるよ」と、今後も連絡を取り合って調査することを約束してくれた。

住職や常造氏との話も一段落し、あとは先祖への100年ぶりのご挨拶を残すのみとなった。

・・・・・・・・・・・・・・・・・・・・

そして今、お墓の前にいる。

昭和に入ってから新たに建てられた、葛西家代々のお墓。その後ろに、古いお墓が複数。かすかに「葛西松之助」と読めるものや、ただの苔《こけ》むした石にしか見えないものもある。

一歩前に出た啓介が、愛せなかった父・啓治《けいじ》の過去に、深く、深く頭を下げる。耳の裏が真っ赤だ。肩が震える……。

多少の涙なら、見ないふりができるのだが……。

おわりに――「一人でも多くの方に、家系図について知っていただくこと」

本書を読んでくださり、ありがとうございます。

私の家には、家系図が残されていませんでした。

一方、代々伝わる家系図が残された家があります。近年、どなたかが家系図をお作りになったという家もあります。

しかし、私の家はそのどちらでもなく、私が初めて、父方「渡辺家」と母方「葛西家」の家系図を作成しました。

家系図を作る前の私は、2代前の祖父の名前すら知りませんでしたが、本書の第一講の「古い戸籍へとさかのぼる方法――戸籍調査シミュレーション」にあるように、戸籍によって父方の渡辺家は5代前までさかのぼれました。

また、本書の葛西美々《かさいみみ》の物語は、私の母方の葛西家がモデルなのですが、戸籍で6代前までもさかのぼれました。そして、100年前に青森から北海道に渡ってきたご先祖様のお墓も発見することができたのです。

戸籍から家系図を作り、ご先祖様のことを知って、私は大きな感動を覚えました。

私には9歳と6歳の娘がいます（本書の美々と清美《きよみ》は、娘たちの10年後をイメージして書きました）。

先日ご縁があって、9歳の娘が通う小学校にて、卒業間近の6年生116人の前で、「お仕事をテーマにした話」をさせていただく機会がありました。

私の仕事の内容として、その場ではやはり家系図の話をさせてもらったのですが、自分が小学6年生だったときを顧みても、小学6年生が家系図に興味を持つなんてとても思えませんでした。

しかし、実際には、実物の家系図を前にお話させていただくと、生徒さんたちはすごく興味を持って聞いてくれました。とてもびっくりしました。

生徒さんたちがまさに今習っている、坂本龍馬《さかもとりょうま》（天保6年生まれ）や板垣退助《いたがきたいすけ》（天保8年生まれ）と同じころに生まれた、文化・文政・天保時代のご先祖様のことが載った古い戸籍や家系図なども見ていただいて歴史に絡めたからこそ、興味を持った生徒さんたちが多かったと思います。

しかし、それだけではなく、私たち日本人が苗字を大切に扱い、ご先祖様や家系に誇りを持って生きてきた長い歴史の中で、ご先祖様を知ることへの本能的な欲求ができあがってきているのかな？　などと、大げさなことも感じていました。


とはいえ、生徒さんたちが大人になって家系図を作ろうと思ったときには、もう古い戸籍は破棄され、龍馬さんや板垣さんと同じ時代を生きたご先祖様のことを知ることはできません。

私の娘たちも、今は家系図に興味がないでしょうが、娘たちがやがて大人になって「戸籍をさかのぼって家系図を作ってみたい」と思ったときには、今なら取得できる古い情報が破棄されて入手できなくなっています。

これは、私の経験談なのですが、家系に関する興味関心は人それぞれですが、年を追うごとに強くなるのは確かのようです。

あなたのお子様・お孫様は、今は家系に興味ないかもしれませんが、お子様・お孫様が両親や祖父母と同じ年齢になるころには興味が出てくるかもしれません。

また、ご自分の代では、ご先祖様の住んだ地に行く暇がないという場合もあります。いつか必要になるときのために、取得した戸籍や作成した家系図をお子様・お孫様に残してあげていただきたいです。

実は、日本ではあまり普及していないように見える「家系図」という文化ですが、アメリカでは三大趣味の一つに数えられるほどメジャーだそうです。

アメリカでは、1977年に「ルーツ（Roots）」というドラマが大ヒットしました。「ルーツ」は、原作者アレックス・ヘイリーが黒人奴隷問題と自らの家系を照らし合わせて描いた物語で、平均視聴率45％を超える社会現象になりました（このドラマは同年に日本でも放送され、「ルーツ」が流行語となり、家系図作りが流行ったときがあったそうです）。

日本でもそんな家系図の大ブームを起こしたいです。

家系図作りはきっかけがなければ、一生行わないかもしれません。「はじめに」にも書きましたが、家系図は絶対に必要なものではないので、それはそれで構わないと私は思っています。

ただ、私自身が初めてご先祖様のことを知ったときに覚えた感動を多くの方にも感じていただきたいと思い、

「一人でも多くの方に、家系図について知っていただくこと」

を目的に、私は活動していきます。

できることから少しずつ、いろいろなことに挑戦していきたいと考えています。

夢は、「家系図」をテーマにした物語の漫画化、そして映画化。

素人が映画化を目指すなんて夢のような話かもしれませんが……まぁ、せっかく、とうちゃんとかあちゃんが私を生んでくれたので、夢とロマンを持って生きたいですね（笑）

本書の結びとして、感謝の言葉を伝えさせてください。

初めての書籍の「おわりに」を書きながら、感謝の言葉を伝えたい人は大勢、頭に浮かびます。

私の誕生日のメッセージに、「ずーっとついて行きます‼」「いつまでも、そのままでいてください」と言ってくれた会社のスタッフさんなど……。

そして、家族。

先にも申した通り、私の娘たちが本書の美々と清美のモデルです。

物語の中で死んだことになっている、美々たちの祖父母・啓治《けいじ》と巴《ともえ》は私の両親がモデルです。

巴にいたっては実名です。私の母の名前です。

物語と違い、私の父と母は生きていて、元気です。二世帯住宅で、一緒に暮らしています。

おとうさん、おかあさん、物語の中で死んだことにしてしまってゴメンね。

10年後20年後もずっと元気でいてください。

また、血のつながった両親や姉や子どもたちはもちろん家族ですが、血のつながってない妻のシュウコちゃんや、シュウコちゃんのおとうさんやおかあさん、おねえちゃんやその子どもたちなども家族です。

私は、シュウコちゃんのご両親を本当の両親と同じように思っています。

お二人もいつまでもお元気でいてください。

こういう家族のつながりが、今は無き、日本の家制度のなごりなのでしょうか？
ちょっとめんどくさそうな……でも、あたたかいような……（笑）
家系図って素敵ですよね。

【著者紹介】
渡辺 宗貴（わたなべ・むねたか）
家系図作成代行センター株式会社代表

行政書士。北海道釧路市生まれ。行政書士として開業当初、たまたま家系図作成という業務があることを知る。興味から自分の戸籍を取って家系図を作ってみたところ、意外な手続きの面倒さ、古い戸籍の文字を読む難しさを知り、以後、専門業務として扱う。

家系図作成代行センター株式会社
公式サイト
http://e-kakeizu.com/

家系図作成専門の行政書士
渡辺宗貴のブログ
http://www.familytree-blog.com/

わたしの家系図物語《ヒストリエ》

調べてカンタン！すごいご先祖がわかる

2019年3月30日　初版発行
2023年10月12日　第7刷発行

著　　者　渡辺 宗貴
発 行 者　花野井道郎
発 行 所　株式会社時事通信出版局
発　　売　株式会社時事通信社
〒104-8178　東京都中央区銀座5-15-8
電話03(5565)2155　https://bookpub.jiji.com/
印刷・製本　中央精版印刷株式会社

装　　幀　松田　剛（東京100ミリバールスタジオ）
イラスト　河盛和行
企画協力　ＮＰＯ法人企画のたまご屋さん

ISBN978-4-7887-1611-7　C2095　Printed in Japan